John Sylte

Troens mangfoldige hverdag

AF551542

I påsketekstene kan vi lese om Jesus som måtte ta farvel med venner og familie. Han skulle dø i fra dem. Kanskje er det et bilde mange av oss har vært vitner til før. Kanskje har vi sittet ved sengekanten til et menneske som visste at døden var rett rundt hjørnet. Kanskje har vi selv opplevd alvorlig sykdom og vært forberedt på å ta farvel med de vi er glade i. Det ligger en bunnløs tristhet i det. Påsketekstene har denne tristheten i seg. Det er en vemodig Jesus vi møter. Jeg kan se for meg alle øynene som stirrer i bordplaten under det siste måltidet, munner som ikke vet hva de skal si, tanker som ikke vil samle seg. Jesus bryter stillheten med ordene:

«Jeg har lengtet inderlig etter å spise dette påskemåltidet med dere før jeg skal lide. Aldri mer skal jeg spise påskemåltidet før det er blitt fullendt i Guds rike» Så tok han et beger, ba takkebønnen og sa: Fra nå av skal jeg aldri mer drikke av vintreets frukt før Guds rike er kommet.» (Luk 22,15-18)

Hvor mange ganger har jeg ikke hørt sørgende som har mistet noen si: Aldri mer.. Aldri mer skal jeg holde rundt henne, aldri mer skal jeg få høre ham snakke. Jesus sier også aldri mer, *før* Guds rike kommer. Det er et *før* der som tar bort brodden fra ordet *aldri.* Aldri er ikke evig, det varer bare til Guds rike kommer – da er det slutt på det triste. Da skal man spise og drikke og være sammen. Men stemningen rundt bordet var preget mer av dette «aldri». Frelseren skulle dø. Frivillig, i en tjeners skikkelse. Han skulle ta på seg all skyld, alt vondt. Han skulle bære det alene i det mørkeste mørke. Ensom og forlatt, dømt og utstøtt – lurte han ondskapen med i døden. For at vi skal leve.

I kirken skal budskapet være klart og tydelig. Det er ikke Muhammed, Buddha, krystaller eller englebøker som har skjenket oss evig liv – det er Jesus Kristus som har gjort det. Hva er så forskjellen på ham og de andre? Vi kan se for oss en dyp mørk brønn som vi har falt ned i og prøver å komme oss opp fra. Vi prøver å komme oss opp, men vi klarer ikke. Der oppe er det mange som ser ned og kommer med gode, velmenende ord og forklaringer. Gjør slik, gjør sånn – det er den rette måten å komme opp på. Noen kaster til og med ned tau, men vi er ikke sterke nok til å dra oss opp. Det blir for langt og for tungt. Vi blir forvirret, løsningene er så mange, men ingen av dem får oss opp. Da kommer det en som firer seg ned til oss og henter oss opp, Jesus. Det er det som skiller vår Gud fra alle andres – Han kom ned til oss. Den eneste takken han forventer er at vi husker hvem som hentet oss opp, at vi tror på det han har gjort. Det er ham som skal feires i påsken. Gjerne ved hytteveggen med kvikk lunsj og kaffe. Men påskebudskapet skal og bør stikke dypere enn det.

3. Begynnelsens mangfoldige tro – noen utfordringer

Jesus fortalte disiplene at han skulle lide mye, ja at han til og med skulle slås ihjel. Det var en vanskelig tanke for dem, noe vi ser tydelig ut ifra Peters reaksjon:

«Fra da av begynte Jesus Kristus å gjøre det klart for disiplene sine at han måtte dra til Jerusalem, og at de eldste, overprestene og de skriftlærde skulle la ham lide mye. Han skulle bli slått i hjel, og den tredje dagen skulle han reises opp. Da tok Peter ham til side og ga seg til å irettesette ham: «Gud fri deg, Herre! Dette må aldri hende deg.» Men Jesus snudde seg og sa til Peter: «Vik bak meg, Satan! Du vil føre meg til fall. Du har ikke tanke for det som Gud vil, bare for det som mennesker vil.»» (Matt. 16,21-23)

At Gud døde på korset er en tanke vi kristne har vokst opp med, og som vi er innforstått med. Men slik har det ikke alltid vært. Mennesket innfant seg tidlig med sin egen skjebne. Sorg, lidelse og død har menneskeheten alltid måttet akseptere og leve med etter fallet. Slik har det vært i alle årtusener og blant alle folk på jorden. Men at Gud skulle kunne lide og dø, det var en utenkelig tanke, en umulighet for mange av de første kristne. Selv etter at Jesus hadde stått opp igjen fra de døde slet de med å akseptere dette paradokset.

I dag har vi mange ulike kristne retninger. Noen av oss tilhører statskirken, noen den katolske kirke og andre pinsekirken. Men vi er enige om de helt sentrale tingene. Ting som gjør at vi kan samles under fellesnevneren "*kristendom*". Vi tror blant annet på en treenig Gud, hvor Jesus er like fullt Gud som Faderen og Den Hellige Ånd. Så enkelt var det ikke å kalle seg kristen da kristendommen var i startgropen. Å være *kristen* sa noe om at du fulgte Kristus, men kanskje ikke all verden ut over det. La oss ta en liten titt på hvorfor.

Gud kan ikke dø! Det var en helt vanlig oppfatning på denne tiden, akkurat som i de fleste ikke-kristne trossamfunn i dag. Det var helt utenkelig. Derfor forsøkte mange å finne ulike løsningsmodeller, for å kunne forklare det uforklarlige. Det oppsto ofte både munnhoggeri og vold, da de ulike meningene brynet seg mot hverandre. Særlig var det to sentrale retninger som ikke kunne godta at Gud kunne lide og dø. Det var arianerne og nestorianerne. Problemet for disse, som for mange andre på den tiden, var nettopp Jesu *natur,* eller *vesen*. Hva var Jesus? Menneske eller Gud?

Arianerne landet på at Jesus kun hadde èn natur – en menneskelig natur. De mente at han var et skapt vesen. Riktignok var han den første og høyeste av alle skapte vesener, men han var ikke guddommelig, mente de. Han var ikke Gud. Med en slik tolkning ble det ikke noe problem for dem at Jesus døde på korset. For det var bare et opphøyd menneske som døde, ikke Gud.

Nestorianerne på sin side kom også frem til at Jesus var et menneske, og ikke Gud eller *Logos*, Ordet. Men de hevdet at *Logos* eller Ordet bodde i Jesus, som i et tempel. Jesus ble derfor ikke beskrevet som Gud eller Guds sønn, men som "*Gudebæreren*". På denne måten led ikke Gud, når mennesket Jesus led. Gud døde aldri. For Jesus var ikke Gud, han hadde bare Gud i seg. Som en følge av de mange ulike retningene og stridighetene og splittelsene disse førte med seg, oppsto det store økumeniske kirkemøter som skulle forsøke å finne en felles norm – noe man kunne enes om som kristne.

Det første av disse kirkemøtene ble avholdt i Nikea, i år 325. Tema for samlingen, hvor ca. 250-318 personer var til stede, var blant annet; "hvordan skal vi forholde oss til arianismen?", "Hva kan vi si om Jesus Kristus, er han Gud eller bare et menneske?" Det hele endte med at kirkemøtet – etter en god del kraftige diskusjoner – dikterte en felles trosbekjennelse, *den Nikenske trosbekjennelsen* –– som vi kjenner fra vår egen liturgi den dag i dag. I denne blir det slått fast at Jesus er "*av samme vesen som Faderen*". Han er med andre ord Gud. Arianismen, som også benektet Treenigheten, ble dermed blankt avvist. Den samme skjebnen led Nestorius og hans lære, da det tredje økumeniske kirkemøtet ble avholdt i Efesos, i år 431. Kirkemøtet fastslo at Jesus er fullt ut menneske og fullt ut Gud. Han innehar begge de to naturene, og de kommer ikke i konflikt med hverandre. Skulle man kalle seg kristen, måtte man altså kunne svelge at Gud både led og døde på et kors. Noen gikk nok litt undrende ut av lokalene den dagen kirkemøtet var avsluttet.

Som barn av sin tid makter heller ikke Peter å ta inn over seg det Jesus sier i teksten overfor. *«Gud fri deg, Herre! Dette må aldri hende deg»*, er hans

4. Den kristne tro kommer til Norge

«Jeg sender dere ut som sauer blant ulver. Vær kloke som slanger og troskyldige som duer! Ta dere i vare for menneskene! For de skal utlevere dere til domstolene og piske dere i synagogene sine. Og for min skyld skal dere føres fram for landshøvdinger og konger og stå som vitner for dem og for folkeslagene. Men når de arresterer dere, skal dere ikke bekymre dere for hvordan dere skal tale, eller hva dere skal si. Det skal bli gitt dere i samme stund hva dere skal si. For det er ikke dere som taler, men det er deres Fars Ånd som taler gjennom dere. Bror skal sende bror i døden, og en far sitt barn, og barn skal reise seg mot sine foreldre og volde deres død. Og dere skal hates av alle for mitt navns skyld. Men den som holder ut til enden, skal bli frelst.» (Matt 10,16-22)

Det handler om kamp, om å stå trofast i sin tro – selv om motstanden er hard og man blir forsøkt tvunget til noe annet. Disse ordene fra vår Herre ble uttalt i en tid hvor kristendommen besto av en liten gruppe mennesker. En gruppe mennesker som var presset fra alle kanter. En ny og liten tro var nettopp blitt født. Senere skulle denne troen spre seg utover. Ingenting her på jorden er svart hvitt, som vi alle vet. Hvem som jager og hvem som blir jaget skifter med hvem som har makten på sin side. Det er ofte så enkelt. Ta et eksempel fra vår egen historie. Da vikingkrigeren Olav Tryggvason gikk i land på Moster i år 995 – hadde han et klart mål for de stålblå øynene.

Vikingen skulte ut over det frostbitte landet, og krummet nakken. Det var ikke lenge siden han ble hardt kvestet i kamp – og nesten døde. Men nå var Olav klar for strid igjen. Han hadde bestemt seg for å samle det kalde, vakre Nordrvegr under én mann – seg selv. Landet skulle bli kristent.

Noen konger hadde prøvd før ham. Håkon ”den gode” Adalsteinsfostre var den som prøvde mer forsiktig. Han var sønnen til Harald Hårfagre og regjerte ca. 933- ca. 961. Håkon snakket med vennene sine og fikk dem med over til den nye troen. Men da han prøvde å omvende resten av folket sitt møtte han hard motbør. Han tvang ikke den nye troen på noen, men han ble selv tvunget til å blote og ofre til guder han ikke trodde på. Bøndene presset ham hardt og han måtte gi etter. Da han senere fikk sitt banesår i et voldsomt slag i Fitjar i 961, la folket ham i en stenhaug og sendte han til Vallhall gjennom mektige kvad.

Her er et utdrag fra Øyvind Skaldespilles` kvad, slik det står skrevet i Snorre Sturlusons «Norges kongesagaer». Kvadet viser hvordan det gikk for seg når vikinger møttes i strid:

«Sverdflammer brente i blodige sår, langspyd lutet for liv å ta, blodsjøen bruste mot sverdneset, flo av piler falt i fjæra på Stord»[1]

Dette var en hverdag Olav Tryggvason kjente godt. Olav var en Herrens stridsmann. Enhver som gjorde motstand møtte sverd som var vant til strid og som hadde felt mange før dem. De møtte blodige økser og spyd. Olav lot seg ikke presse. *«Ta dere i vare for menneskene!»,* sier Jesus. Da Olav gikk i land på Moster var det de som trodde på Odin og Tor som måtte ta seg i vare for menneskene. På vikings vis var det ikke nåden som sto i høysetet. Olav snakket ikke det språket. Det var den store kristne kongen man måtte ta seg i vare for. Historien gjenspeiler teksten som et paradoks.

Bildet av kristendommen som en slags offer-religion som hele tiden ble utsatt for forfølgelser blir noe unyansert. Jo, vi har blitt jaget, særlig av enkelte romerske keiserne i begynnelsen, og av mange regimer i dag. Men så har vi også jaget så snart vi fikk muligheten. Mennesker og makt virker å være en dårlig kombinasjon. Vi har på ingen måte vært bedre enn de andre. Korstog og inkvisisjoner er bloddryppende eksempler på det. Tid og kultur har påvirket ordets fremgang i verden.

Da de skulle instruere misjonærene som skulle til Norge, valgte misjonssentrene i Tyskland å fremstille Kristus som en stor kriger og kristendommen som en krigsreligion[2]. Så fikk detaljene komme etterhvert.. For hvilken viking ville vel lytte et sekund til et budskap som forkynte kjærlighet, fred, styrke gjennom svakhet og om å vende det andre kinnet til?

«Om du lever ved sverd, så vil du dø ved sverd», heter det. Og nå var det Olavs tur. Han fikk sitt banesår i et voldsomt slag ved Svolder i år 1000. Det var nærmest uunngåelig for en mann av hans kaliber. Olav Haraldsson

1 Sturluson 1979:108
2 Hjardar og Vike 2012:43

– senere kjent som Olav den Hellige – overtok da sverdpraksisen. Han gikk frem med høy sverdføring der han så det nødvendig. Norge var nå på vei inn i religionen som allerede hadde rukket å bli omfattende i Europa.

Måten den kristne troen inntok landet vårt på er et paradoks. Det gikk utvilsomt brutalt for seg til tider. Men det undrer meg litt at mange himler med øynene over vår egen brutale fortid, samtidig som de ikke nøler med å lese fortellinger som David og Goliat for barna sine. Dette er også fortellinger om våpen, drap og brutalitet. Historiene fra Det gamle testamentet er minst like bloddryppende som vikingsagaene. Her blir folk jaget fra landene sine og mennesker blir slaktet ned i Guds navn – ingen ble spart (Jos 10,28-40). Vold og brutalitet blir ikke mer akseptabelt selv om det står i De gammeltestamentlige tekstene. Også disse tekstene må leses i lys av Jesu ord om Guds vilje. Hverken kong David eller vår egen kong Olav var særlig gode på å elske sine fiender. De hadde en lang vei å gå der. Samtidig hadde de mer i seg enn vold og brutalitet. De var sammensatte mennesker og barn av sin tid.

Det underlige er at den voldelige fremferden i landet vårt kanskje var helt unødvendig. For kristendommen hadde allerede fått grobunn i Norge, lenge før Olav trakk sverd. Da våre stridslystne vikingforfedre var ute på tokt, var det svært ofte kirker og klostre lenger sør som ble rammet og plyndret. Der møtte vikingene en helt annen type krigere. Mange sprang livredde, men noen sto også igjen – rakrygget med fryktløse øyne. De var menn som så berserkene rett inn i øynene og lot seg hugge ned – uten å gjøre den minste motstand. Berserkenes sverd var intet annet enn en billett til Gud for dem. De var uovervinnelige. De fortumlede vikingene tok med seg disse historiene hjem. Fortellingene rundt bålet om mennene som trodde på «Kvitekrist», og som ikke var redde for å dø, gjorde inntrykk på mange av våre forfedre. Kanskje var det en ekstrem pasifisme som først fikk troen på Kvitekrist – Kristus – til Norge. Man har funnet kristne graver på Sør-Vestlandet, etter bisettelser som fant sted flere tiår før Olav kom. Noen kan med stor sannsynlighet dateres helt tilbake til 700-tallet.

Kampen har alltid vært der, og den fortsetter. I dag er det mange kristne som må kjempe for sin tro. Vi er den mest forfulgte gruppen på verdensbasis. Modige kvinner og menn nekter daglig å gi opp troen på sin gode Gud, selv om de ser rett inn i en pistolmunning. Selv om de trues med tortur, fengsel og dødsstraff. Disse menneskene vet hva Jesus mente når han sa; «*Ta dere i vare for menneskene!*». Det er mange steder i verden at den religionsfriheten vi tar for gitt her i Norge – ennå ikke har slått rot. Men hvordan kan Jesu ord gjøres relevant for oss som bor i trygge lille Norge? Vi som ikke blir truet med våpen, fengsel og tortur?

Teksten handler om å bli fast i det man tror på, selv om andre er uenige og vi risikerer både diskusjoner og konfrontasjoner. Slike situasjoner kan stadig oppsøke oss. Situasjoner hvor vi må forsvare verdier som er viktige for oss. Det kan være i politiske spørsmål, det kan være i hverdagsspørsmål som angår barna våre sitt ve og vel. Og det kan være i spørsmål som angår troen vår. Det å stå opp for troen sin i et samfunn som blir mer og mer pluralistisk og sekulært, er ikke alltid lett – men det er viktig.

5. Troen og tvilen

"*Sannelig, sannelig, jeg sier dere: Den som hører mitt ord og tror på ham som har sendt meg, har evig liv og kommer ikke for dommen, men er gått over fra døden til livet.*" (Joh 5,24)

Troen er noe helt sentralt i Bibelen. Men hva vil det egentlig si å tro? Mange vil nok ha det til at det er å hente fantasier fra løse luften. Det kjenner jeg meg ikke igjen i. Jeg må ha en grunn til å tro på noe. Det må foreligge en rasjonell grunn som jeg finner sannsynlig.

Man kan kanskje sammenligne det med å stå og vente på bussen. Jeg tror den kommer når den skal, det er rimelig å anta det, men jeg vet det jo ikke for sikkert før den faktisk kommer. Egentlig vet jeg jo ikke om det er en buss på veien i det hele tatt, før jeg har sett den. Det mest rasjonelle vil likevel være å tro at den kommer. Det er mest sannsynlig.

For meg er det rasjonelt å tro på Gud. Skaperverket og mysteriene rundt oss gir mer mening når Gud er med i regnestykket, enn om han ikke var det. At så finstemte ting som livet og naturen har blitt til ved en tilfeldighet er usannsynlig i mitt hode. Det er også usannsynlig for meg at de første kristne var villige til å dø, på grusomt vis, for troen på Jesus – om de visste at dette bare var oppspinn. Dette var en tid hvor det faktisk var gjenlevende øyenvitner til det som skjedde. Hadde det ikke vært en oppstandelse, så vil jeg tro hele bevegelsen hadde dødd ut med Jesus på korset. Men noe fikk dem til å gå videre med glede og stolthet. Uansett motgang og trusler. Disipler og apostler kranglet om så mye kan vi lese i Apostlenes gjerninger. Men en ting kranglet de ikke om – at Jesus sto opp fra de døde og at han lever. For meg er ikke disse menneskene mindre troverdige som vitner, bare fordi de levde i en annen tid. Skal man tenke slik kan man jo så tvil om de fleste hendelser før massemedias tidsepoke.

Da man på 200-300-tallet valgte ut tekstene som skulle bli med i Bibelen var dette ett av kriteriene; teksten skulle være skrevet av, eller på vegne av, et førstehåndsvitne. Man valgte ikke tekster etter hva man selv følte passet best. Ingenting var overlatt til tilfeldighetene. Skulle man ha valgt ut tekstene i dag, ville en nok brukt omtrent de samme kriteriene som da.

Men så er det jo slik med bussen da at jeg kan begynne å tvile på at den kommer, når klokken har passert tidspunktet som står i rutetabellen. Mener Bibelen med "å tro" at det ikke er rom for tvil? Om vi leser historien om tvileren Thomas må svaret bli nei. Det *er* rom for tvil. Thomas var disippelen som ikke kunne tro at Jesus hadde stått opp igjen frå de døde – merkelig nok. Det gjorde han ikke før han fikk kjenne på sårene Hans. Han måtte se og kjenne, og det fikk han (Joh 20,24-28). Vi kan ikke tvinge hjernen til å tro. Men vi kan ønske å tro, selv om tvilen river i oss. For den river i oss alle til tider. Thomas ønsket å tro, men klarte det ikke. Det var godt nok for Jesus. Thomas ble ikke møtt med sinne, men med forståelse. I den samme teksten vender Jesus seg mot oss og sier: «*salige er de som ikke ser, men likevel tror.*»

Da jeg som teologistudent skulle ta for meg katolisismen, fortalte en lærer meg denne historien. Den viser at troen kanskje ikke er så langt unna som man kanskje tror:

En gammel mann lå for døden i en liten landsby i Toscana i Italia. Mannen var katolikk, og familien hadde varslet presten om at det hastet med den siste olje. Han var svært syk nå, og det gikk mot slutten. Det presten ikke visste var at mannen hadde angst, og han hadde bare så vidt kommet inn i rommet, da mannen grep tak i kappen hans. Han gråt, og sa: "Jeg klarer ikke å tro på Gud. Jeg klarer ikke å tro på noe jeg ikke har sett, og aldri følt." Mannen var redd det skulle gå ham ille. Presten la i fra seg kofferten sin, og satte seg på en stol like ved sengen. "Så du klarer ikke tro på Gud?", sa han. "Nei", svarte mannen. "Tror du på kjærligheten da", spurte presten. "Ja, gjør vi ikke alle det", sa mannen. "Jeg har vært lykkelig gift i over 60 år og har tre flotte barn, så kjærligheten kan jeg ikke annet enn å tro på". "Da vil jeg si at du både har sett og følt Gud", svarte presten, "for Gud er kjærlighet".

Jeg synes denne lille historien er et prakteksempel på klartenkt og god sjelesorg. Den ble fortalt i forbindelse med teologien som ble presentert i pensum. Verset presten refererte til står skrevet i Johannes` 1. brev. Der står det videre at: *"den som blir i kjærligheten blir i Gud , og Gud i ham"*. Denne setningen kommer vi tilbake til flere ganger i boken. Dette er en av de tydeligste karakteristikkene av Guds vesen som vi finner i Bibelen. *"Han er kjærlighet"*. Denne setningen forteller oss at det faktisk er ganske vanskelig ikke å ha opplevd Gud. Problemet er kanskje at vi ikke forbinder det gode vi opplever i hverdagen med Gud. Men ønsker vi å stelle godt med medmenneskene våre, er det et uttrykk for omsorg og kjærlighet. *"Den som blir i kjærligheten blir i Gud , og Gud i ham"*

Troen er ingen prestasjonshandling. Å tro er ikke å forstå alt, men å åpne hjertet sitt å la mysteriet Jesus få komme inn. Ikke fordi du har gjort deg fortjent til det, men fordi han vil det. Ikke fordi du nødvendigvis kjenner i hjertet at slik må det være, men fordi han har sagt det. Stol på Ham.

5.1. «Fake it until you make it» – terapi mot tvil?

«Be, så skal dere få. Let, så skal dere finne. Bank på, så skal det lukkes opp for dere» (Matt 7.7)

Kampen mot tvilen for den som vil tro, kan være hard og vanskelig. Hva gjør vi når den får oss til å føle at vi ikke er kristne. Vi kan lengte etter den gode vissheten troen gir, men vi kjenner den ikke i oss.

Innen kognitiv terapi har de et ordtak som kalles «fake it until you make it»[3]. Det brukes ofte når pasienter står overfor en forandring. Det kan for eksempel være å bekymre seg mindre eller å være mindre sjalu. Pasientene ønsker kanskje å forandre seg, men følelsene henger ikke med. Man kjenner ikke forandringene i hjertet. Man er fortsatt bekymret, man er fortsatt sjalu. Det er fordi deler av hjernen vår ikke responderer på følelser og tanker, de trenger handling for å ta inn det som skjer. Pasientene får derfor beskjed om å bryte handlingsmønstrene sine, de må velge annerledes. De skal ikke bare tenke og føle – de skal leve som om de ikke var bekymret eller sjalu. Etter hvert vil følelser og handling smelte sammen, og vips – der kom forandringen. Vanskelig å gjennomføre, forandring gjør vondt, men resultatet vil gjøre det verdt det. Dette er en mye prøvd og anerkjent metode innen terapien. De fleste som har hatt et ønske om å begynne å trene, men som synes sofaen er vanskelig å komme opp av, skjønner hva dette dreier seg om.

Om vi da skal følge kognitiv terapi så må vi velge å oppføre oss som noen som trener. Vi må kjøpe inn nødvendig utstyr og få satt opp en

3 Wilhelmsen 2004:31-33

treningsplan. Så følger man den, selv om man i utgangspunktet ikke har så lyst. Ikke bare en dag, men flere dager over noen uker. Til slutt har treningen blitt en vane, forandringen kommer snikende. Man har valgt å bryte noen mønstre, selv om det var vanskelig og tungt. Kroppen gjorde jobben til følelsene koblet seg på.

Kanskje er dette en metode man kan overføre til kampen mot tvilen? For jeg vil oppfordre til å kjempe og ikke å gi opp. Men å forandre tvil til tro kan være kronglete. Hodet vil gjerne tro, men hjertet henger ikke med. Slik er det for oss alle av og til – det er jeg ganske sikker på. Troen beveger seg, den er ikke statisk. Den er kanskje mer som en prosess, med oppturer og nedturer, alt etter hva livet kaster i vår retning. Men når du er i en dal av tvil – kanskje du skulle prøve å «fake it until you make it?» Hvordan kan man leve som en kristen selv om troen ikke er på topp? Om du har dine ritualer, fortsett med dem. Kanskje kan du til og med gjøre flere praktiske ting? Om du ikke har gjort så mye fra før kan du jo begynne med å lese juleevangeliet på julaften, gå litt mer i kirken, følge en bibelleseplan, finne et fasteprosjekt i fastetiden, lese om påskemysteriet på hytta i påsken, gå i fjellet og let etter Gud i hans egen katedral. Kanskje skal du bli med i en Bibelgruppe? Finn noe som passer deg og gjør litt og litt. Mer og mer. Dykk dypere ned i mysteriene uten nødvendigvis å forvente å forstå dem. Uansett hva du velger så snakk med Gud og vær ærlig om hva du sliter med. Da har du gjort ditt. Du prøver, du vil, du banker på. Da skal det også lukkes opp for deg. Det kan kanskje ta tid, men gi ikke opp – den som leter skal finne!

6. Logikken – troens fiende?

Gang på gang måtte Jesus ty til mirakler for at de rundt ham skulle forstå hvem han var. På den tiden, akkurat som i dag, brukte de logikken som filter når de skulle ta innover seg noe nytt. Og det Jesus her sa og gjorde hang ikke på greip for dem. Logikken kom i veien, og det er nettopp denne logiske "hindringen" jeg nå vil skrive litt om.

Vi mennesker henger oss ofte opp i fornuft og logikk. Vi lever i en verden som vi på mange vis kan forklare. Vi bor i hus vi kan forklare, vi kjører rundt i biler som vi kan forklare, og noen av oss kan til og med forklare hvordan en bærbar PC fungerer. Det meste av det som er rundt oss har vi mennesker selv skapt. Selvsagt kan vi forklare dem, de har jo bruksanvisning.

Men om vi forlater gangstien og flytter oss ut i naturen, og ser dens utrolige samkjørte system, kan vi ikke forklare noe særlig. Vi kan stort sett bare beskrive det vi ser, og se sammenhenger.

Jeg har en god kamerat som er ivrig jeger. Han har fortalt om mange fjellturer der han begynner med målrettet og stødig gange. Han setter opp teltet sitt når kvelden kommer, klar for å jakte mer dagen etter. Det knitrer fra bålet og kaffen putrer i kjelen. Etter hvert, der oppe i fjellets ro, må en stor og sterk kar innrette seg etter naturens egne regler. Han ser rundt seg – på det skyggelagte landskapet – og føler seg liten. Herlig liten, som han selv sa. Det målretta tunnelsynet blir raskt erstatta med et vidsyn, og en stor undring. Det var ikke sjelden jegeren glemte både tid, sted, rype og hagle – i knestående fasinasjon over en liten åme. Guds skaperverk har plantet mye ydmykhet og undring i ham. I skaperverket møter han Gud jevnlig, og det har satt dype spor. På snaufjellet vandrer han rundt i Guds katedral.

Det er nettopp i denne katedralen, naturen, at vi kan hente ydmykhet nok til å ta fatt på de store spørsmålene. Astrofysiker ved Universiteter i Oslo, Øystein Elgarøy, ser Guds skaperhånd klarest nettopp i naturlovene. Det er en vakker symmetri og enkle lover som styrer naturen. Det er ingen grunn til at det skal være slik, sier han[4].

---

4 Utaker 2006:18

Sammen med konfirmantene mine begynner jeg ofte med noen tankeøvelser for å nullstille logikken vår litt. Vi begynner gjerne med å se på himmelen over oss. Vi ser over regnet, bakom skyene, gjennom troposfære, ionosfære, stratosfære og eksosfære. Ut i det svarte rom. Bak planeter, stjerner og solsystemer. Spørsmålet er; har du tenkt på hvordan ferden vil ende? Vil du treffe en vegg der oppe, eller vil ferden ingen ende ta, noen gang? Hva synes du er mest logisk? Kan du forestille deg at det plutselig sier stopp? Klarer du å se for deg et verdensrom som aldri stopper, men som fortsetter i det uendelige? Om du nå sitter og strever med å finne en sannsynlig løsning, så kan du trøste deg med at du bare har disse to mulighetene å velge mellom – eller varianter av dem. Er noen av dem logiske for oss? For meg er det ene like vanskelig å forestille seg som det andre. Løsningene bryter med logikken, men en av dem er likevel den rette.

La oss undre oss litt mer. Tenk deg øyeblikket rett før verden ble til. Hvordan så det ut tror du? Var det ingenting, eller var det noe der ute som på uforklarlig vis alltid hadde vært der. Samme hvilken iherdig vitenskapsmann vi spør, kristen eller ikke, så er det disse to alternativene vi har å forholde oss til. Enten så var det ingenting, eller så var det noe der som skapte liv – noe som alltid har vært der. Det siste løsningsforslaget er det vitenskapen benytter i dag. Det sier ikke noe om Gud. Men selv uten å nevne Gud er begge alternativene komplett ulogiske for meg. De kan ikke gripes med menneskesinn. Ikke med mitt sinn i alle fall.

For hvordan ser ingenting ut? Hvordan kan noe være, uten noen gang å ha blitt til? Og greit nok: kanskje var det et stort smell som skapte liv – det kan jeg også tro på. Men hvordan ble partiklene som skapte smellet til? Hva var til før disse partiklene? Hvordan ble de til? De må jo ha oppstått en gang? Om vi fortsetter slik, da når vi et nullpunkt. Logikken brister. Det hele blir uforståelig og uforklarlig. Vi har nådd Gudefrekvensen. I boken «Svar på Tiltale», skriver Bjørn Are Davidsen blant annet om Kalam-argumentet – et argument for Guds eksistens. Det finnes flere varianter av det og en lyder slik[5]:

5 Davidsen 2012: 224

(1) Hvis universet begynte å eksistere, skyldes det en årsak utenfor universet
(2) Universet begynte å eksistere
(3) Det finnes en årsak utenom universet
Begynte så universet å eksistere?

10 millioner trillioner trillioner trilliondeler av et sekund etter skapelseøyeblikket var universet så lite at man måtte ha hatt mikroskop for å se det. Så utvidet det seg plutselig og med voldsom hastighet. Det gjør det fortsatt. I dag ville det tatt 25000 år å nå den nærmeste stjerneklyngen med romskip. Det vil ta over en halv million år å nå fjerne planeter. Da er vi ikke i nærheten av enden. Jeg referer her til boken «Tro og Vitenskap»[6], som tar for seg forholdet mellom troen og naturvitenskapen mer inngående – fra flere vinkler.

Vi kan ikke forklare nøyaktig hvordan skapelsen gikk til, eller hva som var før den. Det kan hverken vitenskapen eller kristendommen. Vi må ty til teorier og tro på det vi finner mest sannsynlig. Bibelen og dens forfattere hadde ikke som mål å ta embedseksamen i biologi, men å fortelle oss at det er en skaper bak universet. Hebreerne beskrev verden slik de så den. Det er et ærlig utgangspunkt.

Som vitenskapen tror kristendommen at det var noe der, selv før skapelsen. Bare ikke partikler og gasser – men Gud. Vi tror at Gud skapte universet "ex nihilo", av intet. Og visst er dette ulogisk! Akkurat like ulogisk som at det skulle svirre evige partikler eller kvantefelt rundt i det tomme intet, før noe ble til. Like ulogisk som at de ble til helt av seg selv uten en årsak og uten betingelser – og at et tilfeldig smell plutselig skulle skape mangfoldig meningsfullt liv. Den anerkjente astrofysikeren Sir Frederick Hoyle har sagt at det er like sannsynlig at livet på jorden oppsto ved en tilfeldighet, som at en tornado raser over en søppelplass og setter sammen et Boing 747-fly klar til «take-off[7]. Hva er vel logikk og fornuft, annet enn menneskeskapte begreper for det vi kan forstå og forklare? At noe er ulogisk og uforklarlig vil si at vi ikke kan fatte og begripe at det går an. Det henger ikke på greip for oss. Livet oppsto på uforklarlig og ulogisk vis. Og gjør det ikke ennå det?

---

6 Utaker 2006:12
7 Utaker 2006:18

Men når det er sagt, er det noe galt i sunn fornuft? Nei, slett ikke. Vi ble skapt med en hjerne og den skal vi bruke. Mange tror nok at religion og fornuft er motsetninger. Det er de ikke. Helt siden kristendommens spede barndom har fornuften og det rasjonelle stått høyt i kurs. Kirkefar Augustin (354-430) advarer kristne mot å komme med ufornuftige fakta om ting de ikke kan noe om. Hans utsagn vitner om en ganske så lærd mann fra 300-tallet, også innen naturvitenskap:

«Vanligvis vet til og med de som ikke er kristne noe om jorden, himlene og de andre elementene i denne verden, om stjernenes bevegelser og baner, og til og med om deres størrelse og posisjoner i forhold til hverandre. De kjenner til at formørkelse av sol og måne kan beregnes, de kan årets og årstidenes syklus, de vet hvilke dyr som finnes, hvilke busker, steiner og så videre, og denne kunnskapen holder man for å være sann ut fra fornuft og erfaring. Da er det en skammelig og farlig sak om en ikke-troende hører en kristen som taler tull om disse emnene ut fra skriften[8]»

Jesus viste seg å være komplett uforståelig for mange av de rundt ham. Like uforståelig som skapelsen selv. Han utførte mirakler. Naturstridige hendelser som ikke kan veies og måles etter menneskelige mål. Gud og hans evner kan ikke alltid forstås med tanke og fornuft. Vår tanke og fornuft er for avgrenset til det. Gud må forstås med hjerte og tro. Paulus skriver i 1. Kor 13 at vi «*ser som i et speil, i en gåte*». Speilet peker tilbake på oss selv. Vi bruker oss selv og vår logikk som referanseramme. Det er til liten hjelp når vi skal forstå en Gud som står utenfor naturen – Skaperen. I stedet for å vite og forklare, må vi slå oss til ro med å ha tillit og tro. Og ikke minst undre oss. Troen er på mange måter et sprang inn i det ukjente og uforklarlige. Å tro er å ha tillit til at det Jesus har sagt er sant, selv om vi ikke forstår alt.

"*Noe slikt har vi aldri sett*", var folkets svar på Jesu mirakel (Mark 2,1-12). Også i dag vil mange si at de aldri har sett noe tegn, verken til at Gud er her eller at det Jesus sier er sant. "*Cogito ego sum*", "*Jeg tenker, ergo er jeg*", sa filosofen René Descartes[9]. Og tenke det gjør vi alle, hele tiden, natt og dag. Nå sitter du til og med og leser mine tanker. Alle som er til vet at tanker finnes. Men har du noen gang sett en tanke?

---

8 Augustin i «De Genesi ad litteram libri duodecim»(Den bokstavlige betydning av Genesis), bok 1, kapittel 19.

9 Stigen 1983:378

7. Ateisme

Nå har vi tatt for oss hvordan kristendommen oppsto og litt om hvordan den utviklet seg. Tro og tvil har vi også sett på. Men hva med de som hevder at det ikke finnes noen Gud. De er på fremmarsj i Norge i dag. Noen er mer militante enn andre. Her følger noen av mine tanker i møte med denne filosofien.

Ateisme har ikke plaget meg nevneverdig før i nyere tid. Jeg har selv venner som ikke tror på Gud. Det er selvfølgelig like mange forskjellige typer ateister som det er kristne. Gode og dårlige mennesker. Konflikten mellom tro og vitenskap er også noe oppkonstruert, fordi vitenskapen spør hvordan og teologien spør hvorfor. I en ideell verden kunne disse to utfylle hverandre godt.

Likevel opplever jeg en «snikhumanetisering» av samfunnet. Norske flagg som blir fjernet fra fotball-landslagets drakter på grunn av korset i det, stor oppstandelse fordi en nyhetsoppleser i NRK bar et lite korssmykke på jobb, Luciafeiring som omgjøres til lysfest, skolegudstjenster som anklages for å bryte menneskerettighetene og så videre. Listen begynner å bli lang.

I Norge skal alle få lov til å tro på det de vil, selvfølgelig. Men jeg har problemer med å takle militante ateister, det må jeg nok bare erkjenne. Mye på grunn av det jeg opplever som feilaktige påstander om kristendommen og religion generelt. Også fordi jeg opplever dem som historieløse når de med et knips bagatelliserer den rollen kirken har hatt i det norske samfunn.

Som de fleste kristne heier jeg på naturvitenskapen og annen forskning. Men jeg får problemer når man hevder at alt kan forklares gjennom naturvitenskaplig forskning. Kan det ikke veies, måles og etterprøves så finnes det ikke. For meg er dette et reduksjonistisk syn på tilværelsen, og som all annen fundamentalisme (for det mener jeg det er) er tunnelsynet i all høyeste grad til stede, og arrogansen er stor. Gud kan ikke veies eller måles, følgelig finnes han ikke.

Når man sier slikt har man ikke tatt seg bryet med å se på hva kirken sier om Gud. Kirken tror på en Skaper som selv står utenfor naturen. Han er ikke en del av den, derfor kan Han heller ikke forskes på. Vi kan kun forske på det Han har skapt. Mange såkalte nyateister hevder de er stolte barn av opplysningstiden, en tid hvor man endelig vender seg bort fra religionenes middelalderske overtro. Nå kan den frie tanke jobbe fritt. For kirken har jo alltid stått i veien for fornuften, ikke sant? Det har blitt en ganske så inngrodd og populær myte. Men kirken har faktisk lagt mye av grobunnen for den moderne vitenskapen. Nettopp fordi Gud har skapt verden ble det interessant å studere den. Gjennom naturvitenskaplig forskning kunne man lære mer om Gud og hans lover i naturen.

Et trekk i tiden er at man fra humanetisk og ateistisk hold går til angrep på det man kaller det kristne verdimonopol. De kan si like mye om verdier som kristendommen hevder de. Kanskje det, men ikke ut ifra naturvitenskaplig forskning alene. I Bibelen er menneskeverdet uttrykkelig slått fast, fordi mennesket er skapt av Gud og i Hans bilde. Salme 139 sier at Gud har vevd oss i mors liv. Hva kan man si om menneskeverdet ut ifra naturvitenskapen? At mennesket er en mer avansert organisme i forhold til andre organismer, men også at det er en forbruksvare. Mennesker kommer og mennesker går – satt litt på spissen. Hva kan Darwins teori om «den sterkestes rett» si om menneskeverd? Naturvitenskapen er ikke et dårlig instrument, men den er et begrenset instrument.

For meg har de australske legene Francesca Minerva og Alberto Giubilini blitt et bilde på hvilke verdier som springer ut av en etikk som kun er basert på naturvitenskap. De to forsker på medisinsk etikk, og 1. mars 2013 kunne man lese i norske aviser at de to har kommet frem til at det kan forsvares etisk å ta abort *etter* fødselen[10]. Og begrunnelsen? Jo, at det ikke er noen forskjell på et foster og et nyfødt barn, ettersom de ennå ikke har utviklet seg til å bli personer. De hevder videre at å ta livet av et nyfødt barn ikke er å anse som å skade et menneske. Å være menneske er i seg selv ikke en grunn til å tillegge noen retten til å leve. Både et foster og en nyfødt er helt klart menneskelige og potensielle personer, men ingen av delene er personer i betydningen «subjekt med en moralsk rett til å leve», skriver de i publikasjonen. Man skulle tro at dette var en gratisbillett til psykiatrisk behandling, men de fikk artikkelen sin trykket i seriøse

10 http://www.tv2.no/nyheter/innenriks/helse/forskere-mener-det-er-i-orden-aa-drepe-nyfoedte-babyer-3721521.html#.UubUahDsTIU. Sett 27.01.2014.

medisinske tidsskrift. Da siver alvoret inn. Redaktøren i Journal of medical Ethics forsvarer publiseringen, og sier de som reagerer med sinne hemmer den frie debatten. Vel, jeg hemmer den fri debatten på dette området og det med stolthet. Jeg tror vi er mange som blir provosert av slikt, og for meg er det et sunnhetstegn.

Skal vi kun legge naturvitenskaplig forskning til grunn, kan vi ikke si noe som helst om verdier. Naturvitenskapen kan i det hele tatt si ganske så lite om godt og ondt, rett og galt. Bjørn Are Davidsen sier det slik i boken «Svar på tiltale»:

«Vi kan tenke oss observatører fra en annen planet som betrakter mennesket helt nøytralt, på linje med dyrepopulasjoner. De kunne da ha oppdaget at det på jordkloden finnes stammesamfunn som markerer ekteskap med massevoldtekt av bruden. Biologisk og historisk viser det seg at en viss andel av menneskeheten og sammenlignbare dyrearter faktisk begår voldtekt. En utenomjordisk som besøkte jorda, kunne kanskje konkludere med at det tilhører naturens orden ... Slike ting viser hvor viktig det er å hente verdier og vurderinger fra andre steder enn naturen[11]*.»*

Sjefsateisten Richard Dawkins er den som kanskje har gått hardest ut av alle mot religion. Det på tross av at han gjentatte ganger har sagt at han ikke gidder å ta seg bryet med å sette seg inn i hva teologien faktisk sier og gjør. Han trenger ikke kaste bort tiden på slikt oppspinn, har han sagt. Det bærer også argumentene hans preg av. Han uttaler seg kvast om teologien, uten å ha lest en eneste innføring på universitetsnivå[12]. Dawkins er professor i biologi og hevder at mennesket er som en robot uten fri vilje. Det styres kun av biologiske prosesser og det er disse som bestemmer de valgene vi gjør. Oppgaven er kun å ta vare på de egoistiske genene våre. Vi kan tro at vi velger, men det gjør vi i prinsippet ikke. Med et slikt utgangspunkt, hvor mennesket ikke har fri vilje, er man i praksis uten ansvar for sine egne handlinger. Det er ikke akkurat et kjempe-utgangspunkt for å snakke om etikk og verdier.

Nå er det selvfølgelig ikke slik at vi kristne er perfekte mennesker, på ingen måte. Men det er nettopp det; vi kan si at vi ikke er perfekte ut ifra

11 Davidsen 2012:112
12 Davidsen 2012:275

en mal som er gitt oss. Vi har bud og kjøreregler som vi kan bedømme rett og galt ut ifra. Derfor kan vi si at det er galt å drepe, selv om også kristne gjør det. Vi kan si at det er galt å lyve, stjele, voldta og så videre. De brutale gammeltestamentlige tekstene blir ofte brukt som et argument mot dette. Men for kristne er det Jesus som snakker sant om Guds vilje. Han forklarte de gamle lovene og satte en ny standard – det er ham de kristne verdiene kommer fra. Hans pasifisme og nestekjærlighet er radikal og vanskelig å etterleve – men hva som er Guds vilje kommer iallfall klart og tydelig frem gjennom hans ord og handling. Disse temaene kommer jeg tilbake til senere i boken.

Det er dem som hevder at religionen har skyld i all krig og ufred i verden. Det kan kanskje virke slik når man ser mediabilder fra krig i land hvor mennesker er religiøse, og hvor de griper til religiøse uttrykk når de beskriver situasjonen de er i. Men påstanden er uansett feilaktig. I «*Encyclopedia of Wars*» tar Alan Axelrod og Charles Phillips for seg 1763 kriger. De konkluderer med at kun syv prosent av krigene var religiøst motivert[13].

Men forklar meg hvorfor jeg ikke skal drepe ved kun å henvise til naturstudier. Drap skjer i naturen hele tiden, og et drap i ny og ne kunne sikkert gagne både meg og folket mitt i gitte situasjoner. Hvis meningen med livet kun er å ta vare på egne gener. Likevel vil de fleste ateister og kristne være enige i at det er galt å drepe. Vel, om man ser bort i fra de to australske forskerne da. Vi trenger flere instrumenter enn naturvitenskapen for å forklare virkeligheten i sin helhet. Satt på spissen så kan ikke naturvitenskapen engang forklare innholdet i en bok. Det nytter ikke å beskrivelse atomene den består av og trykkeprosessen den har vært gjennom. Man må bruke andre virkemidler og verktøy for å avkode den. Slik tror jeg det er med virkeligheten også. Forholdet mellom tro og vitenskap er som poesi og prosa – den ene utelukker ikke den andre.

Jeg vil påstå at det er de kristne verdiene vårt land er tuftet på, selv om det nå kommer en påståelig skare som vil ta all ære selv. De fleste av dem har mye godt for seg – etter mitt syn ikke fordi de fester all lit til naturvitenskapen, men fordi også de er skapt i Guds bilde, med forstand og samvittighet.

---

13 Davidsen 2012:286

8. Troens møte med truslene - fortapelsen

Helvetet, eller fortapelsen, er et av de temaene som kan skape et mørkt bakteppe for mange av oss. Stedet/tilværelsen har skapt mye frykt i mennesket opp igjennom. Jesus snakker om at livet har to utganger. La oss stålsette oss sammen, og se på noen av tekstene som omhandler dette.

I Matteus-evangeliet kan vi lese at Jesus sender disiplene ut for å spre evangeliet (Matt 10, 16-18 og 28). Han forbereder dem på en hard hverdag. De risikerer å bli truet, plaget, skadd og drept. Så sier Jesus:

«Vær ikke redde for dem som dreper kroppen, men ikke kan drepe sjelen. Frykt heller ham som kan ødelegge både sjel og kropp i helvete».

Den siste setningen var kanskje til stor trøst for et par tusen år siden, men i dag er det lett å få kaffen i halsen av den. Dette er en av de tekstene som omtaler helvetet – et sted for ondskapen. De fleste har bilder i hodet sitt om dette stedet. Mange ser for seg et sted hvor smådjevler danser rundt og piner folk med sadistiske glis om munnen.

Slik så italieneren Dante Alighieri det for seg i verket Den Guddommelige komedien. Eposet ble skrevet på begynnelsen av 1300-tallet og er et av verdenslitteraturens mest betydningsfulle verker. Samtidig er det et rent stilstudie i sadisme og tortur. Stykket leder oss på en reise gjennom helvetes ni sirkler. Sirklene huser stadig verre syndere, inn mot jordens sentrum der Satan holdes fanget – fastfrosset, opp ned. Her straffes de døde på en måte som passer den synden de har begått.

Men det er ikke dette Jesus snakker om. Det greske ordet som vi har oversatt med det norrøne helvete – er Gehenna, hebraisk Gehinnom. Dette var et konkret sted utenfor Jerusalem – også kallet Hinnomdalen. I denne dalen ofret Israel i sin tid barna sine til guden Molok, i følge profeten Jeremia (Jer 32,35). Profeten skriver at Gud synes dette var avskyelig og ondt. Derfor ble dalen senere omgjort til en søppelfylling.

Gehenna var ikke noe trivelig sted med andre ord. Det var et sted som ble holdt konstant brennende for å holde sykdom og smitte unna. Her brant man også likene av utstøtte og kriminelle. Det er kanskje her forestillingene om den evige ilden kommer fra. Disiplene hadde altså ingen tanker om sadistiske smådjevler i hodet når Mesteren talte til dem. De så for seg byens søppelfylling – et skremmende sted hvor man ikke så for seg at Gud kunne være. Det er altså et konkret sted på jorden Jesus bruker som bilde. Et bilde som viser oss at livet uten Gud ikke er noe å trakte etter. I utgangspunktet var jo dette en trøstetekst. Den viser sårbare og forfulgte mennesker at den sterkeste er på deres side. Derfor skulle de ikke frykte disse ulvene som sirklet rundt dem. Ha tillit til Herren, det er han som er sjelens vokter.

8.1. Den rike likegyldige mannen

En annen tekst som tar for seg de to utgangene finner vi i Lukas evangeliet (Luk 16,19-31). Her forteller Jesus historien om den rike mannen og Lasarus:

«Det var en rik mann som kledde seg i purpur og fineste lin og levde i fest og luksus dag etter dag. Men utenfor porten hans lå det en fattig mann som het Lasarus, full av verkende sår. Han ønsket bare å få mette seg med det som falt fra den rikes bord. Hundene kom til og med og slikket sårene hans. Så døde den fattige, og englene bar ham til Abrahams fang. Den rike døde også og ble begravet. Da han slo øynene opp i dødsriket, der han var i pine, så han Abraham langt borte og Lasarus tett inntil ham. 'Far Abraham', ropte han, 'ha barmhjertighet med meg og send Lasarus hit, så han kan dyppe fingertuppen i vann og svale tungen min. For jeg pines i denne flammen.' Men Abraham svarte: 'Husk, mitt barn, at du fikk alt det gode mens du levde, og Lasarus fikk det vonde. Nå trøstes han her, mens du er i pine. Dessuten er det lagt en dyp kløft mellom oss og dere, slik at de som vil komme herfra og over til dere, ikke skal kunne det, og ingen kan gå over fra dere til oss.' Da sa den rike: 'Så ber jeg deg, far, at du sender ham til mine fem brødre hjemme hos min far for å advare dem, så ikke de også skal komme til dette pinestedet.' Men Abraham sa: 'De har Moses og profetene, de får høre på dem.' Han svarte: 'Nei, far Abraham, men kommer det noen til dem fra de døde, vil de omvende seg.' Abraham sa: 'Hører de ikke på Moses og profetene, lar de seg heller ikke overbevise om noen står opp fra de døde.'»

Denne teksten taler tydelig om at det livet vi lever får konsekvenser. Fortapelsen – en tilstand av gudsfravær – kan man si mye om, og den har vært gjenstand for debatt og ulike tolkninger så lenge vi har kjent tekstene som nevner den. Men når Jesus snakker om fortapelsen er den aldri et poeng i seg selv. Det er noe annet han vil frem til. Helvetet fungerer som en kontrast som får det egentlige poenget tydelig frem. Når Jesus snakker om fortapelsen er den ofte knyttet til direkte onde handlingar mot andre mennesker. Slik er det også med historien om den rike mannen og Lasarus. Men om fortapelsen ikke er budskapet i teksten, hva er det da? For meg gjorde en sterk opplevelse i tjenesten teksten litt klarere.

Som prest går jeg av og til med dødsbud, det vil si at jeg varsler den nærmeste familien når noen er død. For noen år siden ble jeg oppringt av politiet. Det hadde skjedd en ulykke, en mann var omkommet – jeg måtte komme så fort jeg kunne. Det gjaldt som alltid å gi de pårørende beskjed før ryktet nådde dem. Jeg kom til ulykkestedet en halvtime etter hendelsen. Der møtte jeg polititjenestemenn med alvorlige ansiktsutrykk. Jeg måtte varsle de pårørende – deriblant en liten gutt. I løpet av mange år som miljøterapeut i sikkerhetspsykiatrien – og som prest – har jeg opplevd min del av tragedier. Jeg trodde jeg hadde vært gjennom det meste. Men jeg hadde aldri vært den første til å varsle en liten gutt om at pappa er død før. Det gjorde et uutslettelig inntrykk på meg. Det var like før jeg sluttet som prest etter denne opplevelsen. Det kjentes ut som om noe knustes inni meg da jeg så guttens reaksjon. Han kom smilende imot meg – intetanende om det forferdelige mørket jeg brakte med meg. Jeg følte meg totalt hjelpesløs. Dette kunne ikke trøstes bort – det var ingenting jeg kunne gjøre for å ta det grusomme bort. Da jeg mange timer senere satte meg i bilen og kjørte hjem igjen kjente jeg på en uendelig tristhet – og et realt sinne. Jeg var rasende på Gud og han fikk unngjelde. Han fikk alle spørsmål og gloser på løpende bånd. Ikke alle egner seg på trykk. Hvorfor griper du ikke inn?! Hvorfor blir ikke barna skånet?! Hvordan kan en god Gud la slikt skje?!

I en slik situasjon blir debatter om homofili, ekteskapslov og gjengifte veldig lite viktige. De føles nærmest som bortkastet tid. Jeg ble sint på dem også. Jeg ristet på hodet av historier som den rike mannen og Lasarus

– som jeg faktisk skulle preke over ikke lenge etter dette. Teksten virket bare kald og knallhard. Den gav meg ingenting. Bare flere dilemmaer å bryte mot. Slik er det kanskje når vi, som lever i et land som tar velstand og materielle goder for gitt, skal tolke en tekst som var ment for fattige, forhatte og utstøtte. De som et samfunn for to tusen år siden ikke ville vite av. Da er det nok lett å ha feil fokus.

Så begynte jeg å se for meg hva som egentlig skjedde da jeg var hos den lille gutten. Jeg husket at politiet ringte flere ganger for å forvisse seg om at jeg hadde det jeg trengte og om det var noe de kunne bistå med. De ville vite hvordan det gikk med de som hadde fått beskjeden. Jeg husket legen som ringte og sa at et kriseteam var på vei – at jeg måtte holde ut. Det siste jeg så da jeg dro var en liten gutt som var omgitt av tanter og onkler – som i sin tur ble støttet opp av profesjonelle hjelpere. Så tenkte jeg på teksten og budskapet Jesus ville få frem. Hvordan i all verden hadde det gått med den lille gutten om han hadde møtt denne rike mannen med sin purpurdress og overdådige luksus – i stedet for omsorgsfulle mennesker som anstrengte seg for å hjelpe? Det er en kvalmende skummel tanke. Hvorfor? Fordi han er rik, fordi han har purpurdress, eller fordi han liker en god fest? Nei, fordi han er fullstendig likegyldig overfor alle andre enn seg selv. Fullstendig likegyldig overfor andres lidelse og sorg. Han enset ikke en gang stakkaren som lå utenfor porten hans og strevde. Tvert i mot ser den rike mannen på Lasarus som et instrument – en gjenstand som skal tjene ham. Dette er en kar som ikke eier skam, hverken i livet eller i døden – for han fortsetter å betrakte den fattige som en tjener selv når han sitter i dødsriket. Først overser han Lasarus hele livet – og i døden sier han til Abraham:

«...ha barmhjertighet med meg og send Lasarus hit, så han kan dyppe fingertuppen i vann og svale tungen min».

Lasarus skulle tjene ham. Det finnes ikke et snev av anger eller forståelse i den rike mannen – han er en egoist inn til benet. Dette opprørte Jesus – noe alvoret i teksten tydelig viser. Var det noe Jesus ikke likte så var det likegyldighet. Hvem gjør vel egentlig det? Lasarus er den eneste navngitte personen i Jesu lignelser. Vi kjenner «den barmhjertige samaritan» (Luk 10,25-37), «den bortkomne sønnen» (Luk 15,11-32) og «den rike mannen». Ingen er nevnt ved navn. De er fiktive personer. Man kan spørre seg om Jesus her bruker navnet på sin egen venn, Lasarus, broren til Martha og Maria? Det var iallfall en han aldri ville se bli møtt med slik likegyldighet og egoisme. Jesus har lært oss at omtanke og nestekjærlighet er det viktigste av alt. Å tro på Ham er å ta det dobbelte kjærlighetsbudet (Matt 22, 36-40) – det viktigste budet – på alvor;

«*Du skal elske Herren din Gud av hele ditt hjerte, og du skal elske din neste som deg selv*».

Som Johannes skriver i sitt første brev (1. Joh 3,17-18):

«.. *den som har mer enn nok å leve av og likevel lukker sitt hjerte når han ser sin bror lide nød, hvordan kan han ha Guds kjærlighet i seg? Mine barn, la oss elske, ikke med tomme ord, men i gjerning og sannhet..*»

Lasarus møtte aldri denne kjærligheten i handling der han satt utenfor en port og kjempet for livet. Gutten som mistet pappa møtte den heldigvis. Måtte dagene hans igjen en dag bli fylt av glede og tillit. Jesus ber oss ikke om å ha rivende angst for helvetet. Tvert imot skal de ikke være redde, de skal holde blikket sitt på Gud. Han er den største, det er Han som har det siste ordet.

8.2. Skremt til tro

Fortapelsen nevnes kun noen få ganger av Jesus. På tross av dette har enkelte svovelpredikanter blåst den opp til å være omtrent den eneste grunnen til å skulle tro på Gud. Enkelte steder har det vært mer fokus på helvetet enn på himmelen.

Slik får troen et veldig negativt fortegn. Man tror fordi man får angst og frykter straff – ikke fordi Gud er kjærlighet og elsker oss. Angst kan jo være et veldig effektivt misjonsverktøy det. Men tjener det vår Herre rett? Neppe. Og holder det i lengden? Neppe. Noen vil vi skal tro på en som elsker oss når vi elsker han, men som skader oss, og ønsker oss alt vondt, når vi av forskjellige grunner ikke mestrer dette. I psykiatrien kaller de en slik oppførsel for psykopati. Hvem som helst kan elske noen som gjør alt vi ber om. Det er lett. Jesus ble ikke imponert over en slik kjærlighet (Matt 5,46). Psykopaten kommer tydeligere frem når han blir sagt imot. Da bruker han alle midler for å få det som han vil; trusler, vold, psykisk terror, manipulering og utpressing. Jeg blir ikke imponert over en slik forkynnelse. Mon tro om de er klar over hva slags Gudsbilde de fremmer, hva ordene deres fører til? Jeg har møtt mennesker som har blitt psykisk syke av slik forkynnelse. De har angst hele tiden og ofte et svært dårlig selvbilde. De har jo lært at de aldri strekker til i Guds øyne. Dette er både trist og feil. Evangelisten Johannes sier:

"*Ja, dette er kjærligheten, ikke at vi har elsket Gud, men at han har elsket oss..*" (1.Joh 4,10)

Kjærligheten Gud øser over oss er betingelsesløs. Vi kan ikke gjøre oss fortjent til den. Selv om vi ikke alltid har troen på Gud, så har han alltid troen på oss. Dette er budskapet disse menneskene ikke har fått høre. Paulus spør:

" *Hvordan kan de tro på en de ikke har hørt om*" (Rom 10,14).

Et menneske som aldri har fått høre om kjærligheten, nåden og håpet, har aldri fått høre om den sanne Gud. Det er sant at det er tekster i Bibelen som er vanskelige å forstå, og som kristne kan vi ikke bare velge disse bort. Man skal ta dem på alvor. Men disse tekstene må aldri tolkes på tvers av kjærligheten. De må aldri gjøres *større* enn kjærligheten. Vi må ikke redusere Guds kjærlighet til noe menneskelig, til noe som blir styrt av betingelser og hevngjerrighet. Noe av det som gjør Gud hellig er nettopp at han "*er kjærlighet*" (1.Joh 4,8). Fiendekjærligheten, som menneskene har undret seg over i nesten to tusen år, er et godt eksempel på den guddommelige kjærligheten. Jesus sier:

"*Elsk deres fiender og be for dem som forfølger dere*». Like etter sier han: "*Om dere elsker dem som elsker dere, er det noe å lønne dere for? Gjør ikke tollerne det samme?* (Matt 5,43-48)

Å elske sine fiender, det er tøffe krav. Det er umenneskelige krav. Og jeg har ofte spurt meg selv: "om Gud pålegger oss å gjøre noe slikt, skulle han da ikke kunne gjøre det selv?" Så klart gjør han det. Noe annet ville vært en guddommelig godkjent dobbeltmoral. Men kravene er umenneskelige, nettopp fordi Gud vil at vi skal gjøre som han gjør. Vi skal forsøke å leve opp til en hellig standard. Denne standarden sier mye om Gud – Han elsker sine fiender. Jeg mener at det å bruke Guds gode navn til å fremme trusler om pine og vondskap – og samtidig bruke disse som en hovedvei til Gud, er urettferdig. Det er urettferdig overfor Gud. Og jeg tror ikke en slik forkynnelse fører til en god, trygg og sunn tro på en kjærlig Gud. En slik ensidig forkynnelse er også direkte ubibelsk, tenker jeg. Som det står skrevet:

«I kjærligheten finnes det ikke frykt: Den fullkomne kjærligheten driver frykten ut» (1. Joh 4,18)

Himmel og helvete er størrelser i sort hvit. Bibelen taler sort hvit, samtidig gjør den ikke det i det hele tatt. Jesus viser oss en Gud som ser alle nyansene, og som er der folk er. Mange av oss har både venner og familie som ikke tror det samme som oss. For oss blir tanken på et helvete ekstra drøy. Men Jesus skilte synden fra synderen. Han så at det var mer i et menneske enn feiltrinn og feilskjær. Gud ser det lille sårbare mennesket der vi andre ser synderen. Derfor slutter han aldri å lete etter den ene lille sauen som forvillet seg bort, selv om han tross alt har nittini tilbake (Luk 15, 4-7). Det er fordi den ene har en uvurderlig egenverdi for Gud. Han vil ha alle – han vil ha 100 %. Vi skal ikke tro på en slik Gud fordi vi er livredde for straff. Vi skal tro – fordi Han er skaperen vår som aldri slutter å bry seg om oss.

8.3. Håpet om en kjærlighet som vinner alt

Teologer tenker forskjellig om tekstene som omhandler helvete og fortapelse. Det er jo unektelig en del spørsmål og problemstillinger som dukker opp i møtet med dem. Kan en Gud som er kjærlighet bruke noe slikt som et middel? Kan han i det hele tatt tillate et slikt sted? Er Gud allmektig om det finnes et sted hvor det vonde råder? Om troen er et valg vi tar og om det er den som avgjør om vi frelses eller ikke, er det da egentlig Jesus som frelser oss? Blir det ikke vår egen trosprestasjon som gjør jobben?

Helt siden kristendommens begynnelse har teologer håpet på at Guds kjærlighet skal seire over det onde. Ordentlig og virkelig – slik at ondskapen opphører å eksistere. Noen tenker seg da at Guds kjærlighet skal drive selv Satan til omvendelse. Han skal bøye kne og be om tilgivelse – slik skal ringen sluttes. Det var kirkefar Origenes (182-254) som var først ut med å nedtegne disse tankene.

På gresk kalles håpet om alle tings gjenopprettelse *apokatastasis panton*. For noen kan dette virke fremmed, men det er en rekke tekster som underbygger disse tankene. Jesus sier han skal dra alle til seg når han blir løftet opp fra jorden (Joh 12,32).

Paulus skriver at når alt er underlagt Gud så skal Han være alt i alle (1. Kor 15,28). Han skriver også at Gud ville forsone alt med seg selv da han skapte fred på korset – både det som er på jorden, og det som er i himmelen (Kol 1,20). Om Gud vil ha en slik forsoning, tror jeg ikke det finnes noen ondskap eller vrangvilje som kan stoppe ham. I så tilfelle ville jo ondskapen trekke det lengste strået, ikke Gud. Kanskje har Gud en plan som bæres frem i det skjulte. Det står at hvert kne skal bøye seg for Jesus, i himmelen, på jorden og under jorden (Fil 2,9-11). Det skulle vel omfatte de fleste. En noe kryptisk tekst i 1. Petersbrev forteller at Jesus forkynner for ulydige ånder i dødsriket (1. Pet 3,18-20). Kan det bety at de som ikke møtte det sanne budskapet i livet får en ny sjanse etter døden? En ting er sikkert: om et menneske møter sitt kjærlige opphav, en kraft som vasker bort alt vondt, da skal det litt til å avvise det.

At Gud er med oss i døden er ikke noen fremmed tanke. Vi finner den i salme 139, i Det gamle testamente: «*Stiger jeg opp til himmelen, er du der, legger jeg meg i dødsriket, er du der*» (Sal 139,8). Den engelske versjonen av Bibelen, King James version, bruker ordet «*hell*» der den norske Bibelen bruker ordet «*dødsrike*»: «*If I ascend up into heaven, thou art there: if I make my bed in hell, behold, thou art there*». Det setter jo det hele litt mer på spissen.

Jesus forteller selv om en Gud som leter intenst etter den ene som forvillet seg bort, som jeg nevnte i forrige kapittel. Kanskje forteller 1. Petersbrev oss hvor langt han er villig til å gå for å hente ut sine falne? Selv ned i det dypeste mørket. Kanskje – Guds veier er uransakelige (Matt. 27, 30-61). Samtidig kan vi ikke gjøre disse tankene til en entydig lære. Tekstene snakker også om to utganger av livet. Alvoret er en del av pakken.

For meg er Jesus den første og siste naturlov. Han er en vi må forholde oss til og som vi ikke bare kan velge bort. Forsøker man å velge bort tyngdekraften, så kan det gjøre riktig så vondt. Skal vi trosse den så er det et klart valg vi må foreta, men den vil hente oss inn til slutt. Vi kan tro vi klarer alt selv, vi kan stå på taket og flakse med armene som en fugl. Men når vi tar av går det opp for oss at vi trenger noe som bærer oss. Det beste for oss er å forholde oss til tyngdekraften og la den virke slik den er ment å virke. Den er ingen trussel, men en hjelper. Den handler bare slik den er ment å handle. Slik tror jeg det er med Jesus også, og den porten han har åpnet for oss. Porten er åpen, men det er nå en gang slik at vi må velge å gå gjennom den selv. Der tyngdekraften holder oss trygt på bakken, løfter Jesus oss trygt opp mot Gud.

Tankene om alle tings gjenopprettelse er velfunderte i tekstene og fortjener iallfall plassen som et håpets bakteppe. De gir oss en visshet om at det hviler mer i mysteriet Gud enn det vi kan begripe. Håpet er at Guds kjærlighet skal vinne alt, og ikke la det bli en vond flekk igjen. Jeg tror mennesket trenger klar tale. Får vi for mange valg blir alt relativt. Vi mister retningen og aner ikke hvor vi skal eller hvem vi skal følge. Jesus staket ut en klar retning for oss, en vi ikke kan ta feil av. Samtidig kan vi bære håpet om at korsets seier er sterk nok til å dra det hele i land, uten hjelp fra menneskelig beslutningsevne.

Jeg tror ikke Gud lar over to tredjedeler av menneskeslekten gå fortapt, ikke hvis han virkelig vil noe annet. Og det vil han. Han døde for den saken. Derfor skylder vi ham også å ta et klart valg. Min jobb som prest er å vise folk veien til Jesus. Det er oppgaven han har gitt meg. Samtidig gir han meg en tillit til at han ordner opp der jeg og mange andre feiler. Hvis Gud vil samle alle hos seg lar han seg ikke stoppe av John Sylte som har en dårlig dag. Han lar ikke verket sitt smuldre bort i menneskers hender. Jeg forkynner veien til Gud, gjennom Jesus, fordi jeg tror det er Han som er skaperen og frelseren, ikke fordi jeg går rundt og tror at alle går til helvete.

9. Synden og nåden - Tør vi slippe lyset til?

Vi har nå sett på noen av de vanskelige tekstene i Bibelen. Disse tekstene settes i sammenheng med at vi mennesker faktisk gjør feil, vi synder. I det følgende skal vi ta for oss synden – men også nåden. Vi begynner med en tekst som sier litt om begge deler:

For så høyt har Gud elsket verden at han ga sin Sønn, den enbårne, for at hver den som tror på ham, ikke skal gå fortapt, men ha evig liv. Gud sendte ikke sin Sønn til verden for å dømme verden, men for at verden skulle bli frelst ved ham. Den som tror på ham, blir ikke dømt. Den som ikke tror, er allerede dømt fordi han ikke har trodd på Guds enbårne Sønns navn. Og dette er dommen: Lyset er kommet til verden, men menneskene elsket mørket høyere enn lyset fordi deres gjerninger var onde. For den som gjør det onde, hater lyset og kommer ikke til lyset, for at hans gjerninger ikke skal bli avslørt. Men den som følger sannheten, kommer til lyset, så det skal bli klart at hans gjerninger er gjort i Gud.» (Joh 3,16-21)

«den som følger sannheten, kommer til lyset», skriver evangelisten Johannes. Vil det si at den som kommer til lyset er et perfekt menneske uten skyld? Vil det si at det å tro på Jesus innebærer at vi har klart å legge alle våre laster av oss? Sitter det bare perfekte mennesker i kirkens benkerader? Står det en feilfri prest og preker til dem? Om du lurte nå, så er svaret nei.

Da jeg ble kristen husker jeg at jeg reagerte negativt på syndsbekjennelsen som vi startet gudstjenesten vår med. Hvorfor skulle jeg komme inn i kirken for å bli stemplet som en synder? Livet kunne være tøft nok fra før om jeg ikke skulle oppsøke et sted hvor jeg ble tvunget til å nedverdige meg selv i tillegg. Jeg tror det er mange som tenker slik, kanskje spesielt blant de av oss som ikke er så kirkevante. I dag, etter å ha satt meg inn i hva syndsbekjennelsen egentlig er, føler jeg det som en lettelse. Jeg føler at Gud tar meg på alvor – han vet jeg ikke er perfekt, men vil likevel ha noe med meg å gjøre. Han lar meg komme inn i lyset selv om jeg bærer mørke med meg. Vi har alle noe vi ikke er særlig stolte av – noe vi kunne gjort bedre. Vi kan kanskje prøve å gjøre det bedre, men så klarer vi ikke. Vi kan føle oss utilstrekkelige – som venner, som foreldre, som kjærester eller som medborgere.

En venn forklarte meg en gang med egne ord hva han la i ordet nåde. Han så for seg et filmkamera som hadde filmet ham i alle situasjoner hvor han feilet som menneske. Kameraet filmet hans mørkeste mørke, alt han skammet seg over og angret på; når han løy for vennene sine, når han skjelte ut kona si på verste måte i en krangel, alt. Han så for seg at den siste dagen var kommet. Dommen skulle nå forkynnes, og det på bakgrunn av filmen. Det hele gikk for seg i en stor rettsal. Gud var på plass, og familie og venner var samlet. De som hadde trodd så godt om ham skulle nå få se sannheten. Guds hånd nærmet seg «playknappen», og vennen min så for seg at han bøyde hodet og begynte å gråte. Men i stedet for å spille av filmen tok Gud den ut. Så rev han den i stykker og kastet den. Et feilbarlig menneske fikk beholde sin verdighet – alt han skammet seg over og angret på ble slettet fra manns minne. Slik så min venn for seg nåden, og det er et godt bilde.

Om det å tro på Gud skulle være synonymt med å være perfekt, og om man i neste rekke skulle måtte være perfekt for å komme til kirken, hadde kirken vært tom. Ingen prest i verden kunne da ha stått på prekestolen og talt til noen menighet. Men å følge sannheten innebærer å gjøre så godt vi kan. Når vi ikke klarer det så innebærer det å ikke polere overflaten for å skjule rusten under. Vi må kalle en spade en spade ovenfor Gud. Å følge sannheten er å løfte mørket vårt inn i lyset. Syndsbekjennelsen er vårt skriftemål til Gud. Vi får komme som vi er, vi blir hørt og vi får begynne på nytt og med blanke ark. Vi blir møtt med nåde. Det er godt å kunne slippe masken, slippe å leve i skjul. Gud vet hva vi strever med – og han er på vår side i kampen. Som Jesus sier selv; han er ikke kommet for å dømme verden, men for å frelse den.

Troen skal bære god frukt. Frukt som skal være et vitne om vårt samarbeid med Gud, og at vi står på hans side. Men om vi hadde klart alt selv, hvorfor skulle da Jesus måtte komme oss til unnsetning? Fordi Gud så at vi strevde og ikke klarte å nå målene selv. Han så sine egne barn bli knust under skyld og skam. Det var uverdig. Gud kunne ikke stå og se på det. Han grep inn slik at hver den som tror på ham, ikke skal gå fortapt, men ha evig liv. Det måtte bli ved troen, fordi Gud aldri ville tvinge noen til å følge seg.

Troen er en underlig sak. Mange snakker om at det å tro er å underkaste seg. Mange føler at de ydmyker seg ved å bøye kne for Gud, derfor lar de det være. Vi kan føle at vi bøyer oss for Gud ved å tro, men i virkeligheten handler troen om at Gud reiser sin slitne skapning opp og gir den verdighet. Ikke fordi han må, men fordi han vil. Å tro er å si *Gud, jeg klarer ikke å bære alt selv, kan du hjelpe meg*? Noen ganger er troen å si *Gud, jeg klarer ikke mer, kan du bære meg*? I troen møter lyset mørket på halvveien.

Den treenige Guden skiller seg ut, fordi han overfører sin skapnings misgjerninger og feilgrep over på seg selv. Han bærer børen for oss. Av og til bærer han ikke bare børen – han bærer oss også. Her kommer pinsens budskap inn. I Johannes 14 sier Jesus at Han ikke vil la oss være igjen som foreldreløse barn. Ikke lenge etter gjør Den hellige Ånd sin entrè. Vår underlige, usynlige medvandrer og trøster. Den Hellige Ånd er usynlig og ukjent for oss i det dåpsvannet treffer hodet vårt. Vi kjenner Ham først bare som et løfte fra Gud, i form av ord presten leser opp. Men i løpet av et liv kan vi bli bedre kjent med denne hjelperen og trøsteren. Når de tunge dagene kommer og vi er så slitne og utkjørte at vi ikke evner å bære oss selv. Da kan vi kjenne at vi får styrke vi ikke trodde vi hadde. Og det hadde vi heller ikke. Trøsteren, hjelperen, har kommet på banen. Han snakker for oss når vi ikke klarer det selv. Han veileder oss. Slik er det med Den Hellige Ånd. Han gir seg til kjenne, blant annet, gjennom kjærligheten og omsorgen – det gode.

Dem av oss som har eller har hatt gode foreldre vet at det er godt å ha noen å kunne vende seg til når livet blir tøft. Men vi vet også at vi må ut i verden og kjempe våre egne slag alene. Selv de beste foreldre kan ikke skåne barna sine for alt som er vondt. Selv om vi tror på Gud – må vi på samme måte møte livets realiteter når de kommer. Og de vil alltid komme før eller siden. Mørket vil komme. Fallet vil komme. Men vi vil aldri være foreldreløse, vi vil aldri være oppgitt. Vi har fått i gave å kunne bringe alt vårt frem for lyset. Angst, smerte, glede, håpløshet, håp, sinne, latter, sorg – alt kan vi løfte frem for en Far som tar seg tid til å lytte. Til en Far som selv har vært der, og som kjenner seg igjen.

9.1. Judas – svikeren

Synd og svik er ganske nært beslektet. Judas har den tvilsomme æren av å bli kalt den største svikeren i kristendommens historie. Han var disippelen som forråtte Jesus for noen få sølvpenger.

Judas er en underlig skikkelse. Det er tydelig at evangelistene ikke likte ham. Han blir blant annet beskyldt for å være en tyv og kjeltring. Judas skulle få sin straff for det han gjorde. Navnet hans har blitt et skjellsord, et synonym med feighet, gjerrighet, svik og forræderi. Hva var det som fikk Judas til å gjøre noe slik? Kanskje fordi han var selot, en av dem som ønsket noe mer ut av Jesusbevegelsen – noe mer radikalt og antiromersk? Kanskje var sviket mot Jesus et forsøk på å sette ting i gang, på å tilspisse situasjonen slik at noe måtte skje.

Kanskje veltet panikken over ham da han så at det ikke gikk slik det skulle. Hvorfor gjorde ikke Guds sønn motstand? Hvorfor ble han ikke sint? Hvorfor slo han ikke igjen og knuste dem alle til drønnene av høylytte basuner og skrik fra stridsengler med sverd? I stedet døde en venn, og han sto igjen alene med skylden og skammen.
Evangelistene er veldig samkjørt i sin dom – Judas er en forræder.

Det apokryfe Judasevangeliet som ble funnet ved Nilen så sent som i 1978, forteller en annen historie. Her er Judas helten som hjelper Jesus med å iscenesette sin egen død – slik at hans frelseshandling kan skje fyllest. Judasevangeliet forteller at det bare var Judas som ble innlemmet i Jesu planer. Bare han visste, mens de andre disiplene vandret rundt i uvitenhet. Nå er det på grunn av dette fokuset på kunnskap – at evangeliet har blitt stemplet som gnostisk av kirken og forkastet. Gnostikerne var en filosofisk retning som mente at kun kunnskap kunne frelse et menneske. Denne troen beholdt de, uansett hvilken religion de tilhørte. Vi vet at Judasevangeliet ble brukt av en tidlig kristen sekt, som senere ble definert som kjettere.

I Bibelen ender det hele med at Judas angret bittert på det han gjorde. Så mye at han kastet sølvpengene han fikk inn i tempelet før han gikk bort og tok sitt eget liv. Jeg synes det er noe trist over Judas. De andre disiplene svek og sviktet de også – i tur og orden. Peter fornektet Jesus tre ganger, blant annet. Han ville ikke kjennes ved ham når presset kom. Men Judas` svik fikk en fatal utgang – derfor ble sviket hans endelig. Peter ble kalt klippen og gitt nøklene til Himmelriket, mens Judas endte opp med å ta selvmord.

Judas er en som ingen liker å identifisere seg med. Og i selvransakelsens navn så må jeg si at det er lettest å identifisere seg selv med de gode i fortellingen. På samme måte som når jeg ser en film. Da er det helt klart jeg og helten mot skurkene. Innlevelsen er det ingenting å si på. Men sannheten og virkeligheten er nok noe midt imellom. Ting er ikke så sort-hvitt. Vi har alle denne siden i oss som får oss til å svikte og feile. Det er menneskelig. Derfor trenger vi alle Jesu tilgivelse og forståelse. Både vi og Judas.

9.2. Arvesynden

Kirken snakker om en synd som går i arv, og Bibelen snakker tydelig om at vi mennesker trenger hjelp med denne – en frelser.

Da engelen kom til Josef og fortalte hva som hadde skjedd med Maria, sa han at dette barnet skulle frelse folket fra deres synder. Derfor skulle Josef gi ham navnet Jesus, som betyr *Gud frelser.* Ordet frelse har blitt et ladet ord – et fremmed ord. Men hvor kommer det fra, hva betyr det? Hvorfor trengte folket en frelser, hvorfor trenger vi en frelser?

Det er det greske ordet "*soteria*" vi oversetter til ordet "*frelse*". Frelse er et gammelt samnordisk ord. Det er egentlig en sammenføyning av to ord: *"fri hals"*. Uttrykket er eldre enn kristendommen, og ble brukt om slaver som fikk friheten sin tilbake. Disse var ofte lenket med en jernring rundt halsen. Når slaven ble sluppet fri, ble lenken fjernet. Halsen ble dermed fri. Det er sterke ord som brukes. Engelen sa egentlig at vi som mennesker måtte frelses fra noe, vi trengte en frelser. Vi hadde lenker om halsen. Vi var slaver.

I det første kapittelet hos evangelisten Johannes kan vi lese at han mener vi har fått *"nåde over nåde"*. Flere sterke ord, men hva betyr de? Johannes forteller videre at vi har fått *"nåden og sannheten ved Jesus Kristus"*. I Det nye testamentet settes det opp et skille mellom loven og nåden. I 2. Mosebok kan vi lese at folket fikk loven, da Gud åpenbarte seg for Moses på Sinaifjellet. Folket fikk en styrepinne av Gud. Lovens forpliktelser kan vi lese om i de fem Mosebøkene, også kalt "*pentateuken*", eller "*den femfoldige boken*". Disse bøkene inneholder en rekke forbud og påbud. Og de fikk ofte ganske rigide, og umenneskelige utslag som blant annet fariseerne sto for. Det ble ofte foretatt en speilvending av meningen med loven; mennesket ble til for å ivareta loven, og ikke loven for å ivareta mennesket. Dette var en praksis Jesus talte midt imot.

Loven består av gjerninger. Ting man skal gjøre og ikke gjøre. Dette skulle da være enkelt nok? Vel, kanskje ikke. Om vi ser på statistikken for eksempel, så kan vi se at kriminalitet øker i takt med fattigdom. Hva sier dette oss? At fattige mennesker er kriminelle? Nei. Det sier oss at fattigdom, fortvilelse og nød kan drive mennesker til kriminalitet. Ytre omstendigheter som arv og miljø spiller inn på et menneskes handlinger og skjebne. I forbindelse med mitt arbeid i sikkerhetspsykiatrien har jeg møtt mennesker som har gjort onde, bestialske handlinger. Handlinger man aldri kan forsvare, kun fordømme. Men jeg har også lest mange pasientjournaler, og lest om oppvekstvilkår som er like ille som de handlingene pasienten har utført. I disse journalene kan man lese om små barn som hadde rusmisbrukere til foreldre, som ofte var uønsket, utsatt for grove overgrep og som alltid har stått alene. Dette er barn som faller utenfor fra begynnelsen av, og som har blitt stemplet som et problem av det "gode samfunn". Når disse barna vokser opp finner de ofte sitt hjem på gaten, i psykiatrien eller i et fengsel. Noen mennesker, både innenlands og utenlands, får aldri en real sjanse her i livet. Hva gjør du når mor setter heroinsprøyten i armen før du er født, og du på grunn av det utvikler en psykisk sykdom? Hva gjør du når fremmede kommer inn i landsbyen din og hugger ned alle du er glad i. Traumer, hat og bitterhet ulmer i deg – uten at du får profesjonell hjelp til å bli kvitt det? Hva gjør du når mor eller far utsetter deg for overgrep, og du på grunn av disse aldri klarer å komme på rett kjøl igjen her i livet?

Påbud og forbud er lett å forholde seg til for roboter og maskiner, men for et menneske kan ytre, (eller indre) omstendigheter ødelegge evnen til å utføre og forstå dem. Kall gjerne disse ytre eller indre omstendighetene for *"arvesynd"*. Noe plager, forstyrrer og hindrer oss. Det spredde seg som et virus over menneskeslekten. Noe uklart, ondt og vondt som binder oss. Vi har en lenke rundt halsen. Vi klarer ikke alltid å se hva som er riktig, og om vi ser det, så klarer vi ikke alltid å gjøre det. Som Paulus skriver i Romerbrevet (7.15):

"For jeg forstår ikke hva jeg selv gjør. Det jeg vil, gjør jeg ikke, og det jeg avskyr, det gjør jeg."

Selv Paulus kjenner den kalde lenken rundt halsen. Noe hindrer ham i å være slik han egentlig ønsker å være. Noe hindrer ham i å nå sitt potensiale. Det er ikke noe forskjell på ham og oss. Vi mennesker trenger hjelp. Vi kan ikke stole på egne handlinger. Dette skjønte Gud, der han skuet ned på de små menneskene med for tunge bører og byrder på ryggen. Av ren kjærlighet slet han syndens lenker bort fra halsen vår. Han tok børen bort fra ryggen vår, og plasserte den på sin egen. Gud ble en medvandrer, han vandrer med oss. Han gav oss en sjanse her i livet. Det er *"Nåde over nåde"*. Fordi han vil og ønsker det, kan vi tilhøre og vandre med ham. Han har gjort den største jobben. Vår jobb er å forsøke å ha tillit til ham, og å tro på det han har gjort. Å tro at lenkene våre ble løsnet og fjernet da Gud ble menneske. Et barn en stolt og livredd tømrer fra Nasaret gav navnet Jesus.

9.3. Mennesket – mer enn synd og feil

Nå er det skrevet mye om synden, jeg innrømmer det. Vi mennesker er så mye mer enn det. «*Hva er da et menneske – at du husker på det, et menneskebarn – at du tar deg av det?*», er et spørsmål som stilles i Salmenes bok (8,5).

Ja, hva er da et menneske? I de fleste protestantiske kirkesamfunn, inkludert vår eget, er vi veldig opptatt av å bedyre menneskets skrøpelighet, syndighet og skam. Det virker av og til som om alt et menneske kan er å synde. Å ikke bli hovmodig er selvfølgelig viktig, men den kirkelige janteloven kan til tider gå vel langt. Og den kan til tider grense til blasfemi – det skal vi vokte oss for. Av og til blir vi så opptatt av å fornedre mennesket at vi glemmer at det faktisk er skapt av Gud. Vi glemmer at det var en som for lenge siden pustet liv i sine skapninger, og som smilte av glede da han så dem reise seg for første gang. Han så at skapningen var overmåte god – som det står i 1. mosebok (1,31). Vi sier alt for ofte at den er ond, vond og ubrukelig.

Vi mennesker kan være både syndige og vonde, men så er vi også mye mer enn det. Vi kan så mye mer enn det. Vår kirkefar Paulus beskriver kroppene våre som templer til ære for Gud (1. Kor 6,19-20). Disse templene er hellige, skriver han. Vi er hellige – fordi vi er skapt av Gud. Derfor må vi leve deretter, etter hans vilje – vi må gjøre godt. Ingen av disse templene er like, ingen av oss er like – Gud har tegnet hver enkelt av oss i sine hender. Med ulike streker, med ulike farger. Vi er ikke en masseprodusert gjenstand, som papiret på en melkesjokolade. Nei, vi er alle ulike og unike fordi vår Herre har tatt seg tid til hver enkelt av oss.

Gud har formet oss med kjærlighet, slik bare Han kan, og Han har gitt oss alle personlige gaver, som det er opp til oss å bruke. Om vi bruker dem slik han vil, til det beste for mennesker rundt oss, kan vi vise at det er håp for mennesket. På samme måte som gode mennesker der ute kan gi oss tro på og håp om en bedre verden. I dem finner vi styrke til å møte selv de bratteste stigningene i livet. Vi er alltid mer enn de feilene vi gjør. *Hvor* mye mer er det opp til hver enkelt av oss å vise!

10. Homofili

Homofilidebatten har herjet i kirken lenge. Det er en viktig og vanskelig debatt – ikke minst for de homofile. Temaet fortjener derfor en plass i boken. Jeg tror folk flest stiller seg svært spørrende til kirkens reservasjon. Hvorfor må det være så fryktelig vanskelig?

Hvorfor kan man ikke bare se mennesket og glemme disse eldgamle tekstene? Jeg skjønner godt spørsmålet. Samtidig vet jeg at dette ikke har noe med et ønske om å være vrang å gjøre. For mange går dette på samvittigheten løs. Spesielt for de som mener at tekstene er inspirerte av Gud selv, ja at de til og med er direkte sitater fra Gud. Da kan man ikke bare se bort fra dem – da blir det ikke så enkelt. For meg som prest er det viktig å forholde meg til de vedtakene kirken gjør. Dette er saker kirken jobber hardt med og jeg har tillit til det arbeidet som blir gjort. Flertallet bestemmer hva som skal være felles praksis. Slik bevarer vi også enheten i store spørsmål og utfordringer.

Når det er sagt, finnes det nok ingen prest i Norges land som tenker helt likt i homofilispørsmålet. Her følger noen av mine tanker. Jeg er vel ikke av dem som mener at alle tekstene i Bibelen kommer direkte fra Gud. Men tekstene forteller om ulike menneskers erfaringer med Gud. De forteller om tro og tvil, glede og sorg – det levde liv sammen med Gud. For meg er Bibelen hellig fordi den forteller historien om Jesus. Den forteller om de som så og hørte ham, og deres tanker om hva de har opplevd. Dette er mitt utgangspunkt når jeg skal ta for meg debatten – om de homofile lever i synd eller ikke.

Jeg har selv homofile venner og klarer ikke å se for meg at de har valgt en homofil legning. De mener selv at de er født slik, det tror jeg på. At homofili skal være en så kul trend at man gladelig ofrer både familie- og vennskapsbånd virker absurd for meg. Slik er det faktisk for mange homofile – både familie og venner støter dem ut i kulden. Ofte med Bibelen i hånd. En slik historie kan man lese om i boken *Betre død enn homofil, Å være kristen og homo.* Forfatteren Arnfinn Nordbø skriver om selvopplevde opplevelser. I kristne miljøer har de homofile ofte fått høre at de er spesielt syndige, så får de høre at Gud hater synd. Det kan gi både vanskelige gudsbilder, selvbilder og ikke minst store utfordringer for troen.

Mange går rundt og føler seg fortapt, noen velger å ta sitt eget liv. Det burde være nok til å forstå at man bør gå forsiktig og ydmykt frem, uansett Bibelsyn.

La oss se på de skriftstedene som det oftest blir referert til når det gjelder homofili. De som mener at homofile som lever ut sin legning lever i synd har gjerne tatt utgangspunkt i skapelsesberetningen, hvor Gud skapte mennesket til mann og kvinne. Det var kvinnen som skulle holde mannen med selskap, de to skulle være ett – noe Jesus også bekreftet. Han snakket da om ekteskapet. Bibelen er tydelig på at ekteskapet er for mann og kvinne – og at sex skal holdes innenfor en forpliktende ramme. Det finnes også andre tekster som omtaler seksuelt samkvem mellom to av samme kjønn, både i Det gamle – og Det nye testamentet. Men hva snakker disse tekstene om? Derom strides de lærde. Dette er ikke noe lett spørsmål.

Om man ser på tekstene i Det gamle testamentet, utover skapelsesberetningen, så har man den såkalte Hellighetsloven. Der står det en rekke forskrifter folket må overholde for å holde seg hellig. Blant annet skal man ikke *«ligge med en mann slik som man ligger med en kvinne»* (3.Mos 22). Noen av tekstene i Det gamle testamentet handler etter min mening ikke om menn som elsker menn, men helst om menn som vil gjøre andre menn vondt (Dom 19 og 1 Mos 19,1-13). Tradisjonelt er fortellingen i 1. Mosebok om sodomittenes ondskap og hvordan de blir straffet med utryddelse, blitt betraktet som den klassiske fortellingen om homoseksualitet i de bibelske skriftene (1 Mos 19,1-13). Det er også her uttrykket ”*sodomi*” kommer fra.

Her fortelles det at Lot hadde to gjester på besøk, som alle mennene i Sodoma ønsker å «få sin vilje med». De truer Lot og presser inn døren til huset hans. Lot forsøker å roe ned mobben. Han forsvarer gjestfriheten med å tilby dem sine to jomfruelige døtre som en erstatning for de to gjestene. Mobben kunne få sin vilje med dem i stedet. Her er det altså snakk om voldtekt og ondskap. Det er ikke snakk om to som elsker hverandre og som lever i forpliktende forhold. Jeg synes derfor det er urettferdig å bruke en slik tekst som bevisførsel mot homofili.

Det er kanskje apostelen Paulus sine tekster vi legger mest vekt på i homofilidebatten.

I den såkalte lastekatalogen nevner han «*menn som ligger med menn eller som lar seg ligge med*», i tillegg til mange andre laster og synder:

«*Vet dere ikke at de som gjør urett, ikke skal arve Guds rike? La dere ikke føre vill! Verken de som driver hor, de som dyrker avguder eller de som bryter ekteskapet, verken menn som ligger med menn eller som lar seg ligge med, verken tyver, grådige, drukkenbolter, spottere eller ransmenn skal arve Guds rike.*» (1. Kor 6,9-10)

Så kommer spørsmålet om hva og hvem Paulus snakker om? Her blir det snakk om begreper og, etter mitt syn, kultur. Er det snakk om mennesker som elsker hverandre, og som lever i et likeverdig og forpliktende forhold? Eller er det også her snakk om overgrep eller i det minste et asymmetrisk forhold? Tenker vi på det samme, vi og Paulus? Ser vi på teksten overfor så bruker Paulus to forskjellige ord for «*mann*» på gresk: *arsenokoitai* og *malakoi*. *Arsenokoitai* kan oversettes som «*manneligger*», og innebærer at det her er snakk om den aktive og sterke parten. *Malakoi* betyr «myk», og er passiv i seksualhandlingen. «Menn som ligger med menn» innebærer altså at den ene er sterk og den andre svak. Jeg refererer her til Den norske kirkes lærenembd. Det er lite her som vitner om et likeverdig, symmetrisk forhold, som vi i dag forbinder med homofile som elsker hverandre.

For å forstå hvordan dette henger sammen, må man ha litt kjennskap til forståelsen av seksualitet i Paulus' greske samtid. På denne tiden forutsatte man blant annet at seksuell omgang krevde en aktiv og en passiv partner. Hva som var aktivt og passivt, var definert slik at den aktive var den som penetrerte, mens den passive var den som ble penetrert. Kvinner var derfor nærmest per definisjon passive og "myke". I de sammenhengene hvor seksuell omgang mellom menn var akseptert, måtte den passive partner være den aktive underlegen i alder og/eller status. En mann som var passiv i en seksuell relasjon lot seg bruke som en kvinne, han var derfor myk. Jødiske forfattere som Filon fra Aleksandria, bruker dette at en mann inntar en passiv, myk rolle, i sin polemikk mot homoseksuelle handlinger. Dette utvisket kjønnsforskjellene mente han.

Mange teologer mener at Paulus snakker om pederasti, det vil si unge gutter som lar seg bruke av voksne menn. Nærmere det vi i dag vil kalle pedofili. Dette var et kjent fenomen i Paulus` samtid. Var det en slik ukultur han ville til livs? Det er interessant å merke seg at andre tidlige kristne skrifter tar opp kampen mot pederasti. Skrivet «*De tolv apostlers lære*» (70 – 90 e.Kr.) har også en syndeliste, som nevner mange av de samme syndene som Paulus. Men her rettes det forbud mot «*gutteskjending*» og ikke homofili (2:2).

I Det gamle testamentet omtales mannlige og kvinnelige tempelprostituerte som avskyelige (5. Mos 23,17-18); noen teologer mener det er disse Paulus skriver om. Tolkningene er mange – meningene er sterke. Jeg har flotte kollegaer på begge sider av debatten. Noen kalles konservative, andre liberale – de er gode mennesker som virkelig strever med tekstene faglig. Alle har gode bibelske argumenter for sitt syn. Det er kanskje de som tar lett på tekstene man bør bekymre seg for.

For meg ligger denne debatten på et samvittighetsplan overfor Gud. Paulus er en sterk kirkefar og særdeles viktig mann i formingen av kristendommen. Jeg både beundrer ham og finner trøst i det han skriver. Men personlig tror jeg ikke at Paulus kan uttale seg med Guds autoritet i alle ting. Det kan derimot Jesus. Det er få tekster som tar for seg homofili i Bibelen og ingen av dem kommer fra Jesus. En tungtveiende grunn til å opptre ydmykt overfor andres synder og laster er det Jesus sier om å dømme. Her er en av hans mange advarsler:

«Døm ikke, for at dere ikke skal bli dømt! Etter dommen dere dømmer med, skal dere selv få dom, og i samme mål som dere selv måler opp med, skal det også måles opp til dere. Hvorfor ser du flisen i din brors øye, men bjelken i ditt eget øye legger du ikke merke til? Eller hvordan kan du si til din bror: 'La meg ta flisen ut av øyet ditt' når det er en bjelke i ditt eget øye? Din hykler! Ta først bjelken ut av ditt eget øye! Da vil du se klart nok til å ta flisen ut av øyet til din bror.» (Matt 7,1-5)

Han snakket om dette i lignelser også, for eksempel i den om tolleren og fariseeren, som jeg komme tilbake til senere i boken. Men kort fortalt; fariseeren var skråsikker på at han selv var best i Guds øyne. Han hadde tekstene bak seg, de gav ham ryggdekning. Han holdt alle bud og regler, alt etter boka. Derfor var han frimodig når han dømte tolleren nord og ned. Han takket til og med Gud for at han ikke var som tolleren. Den dagen skulle han gå på en kjempesmell.

For min del handler det kanskje litt om god gammeldags Gudsfrykt. Jeg vil neppe være den skriftlærde som står der med boken i hånd og snakker dom over andre.

Kanskje lever de homofile i synd. Men det gjør jeg også, det gjør vi alle. Å leve et syndefullt liv, et liv fullt av synder – hvem av oss gjør ikke det? *Don't judge others just because they sin differently than you*, heter det i et ordtak. Hvem av oss kan vel med hånden på hjertet si at vi lever et liv Gud kan gå god for? Jeg vil tro det er ganske få av oss. Kanskje velger den homofile en syndig livsstil ved å leve ut sin legning. Men det gjør jeg også med alle de dårlige valgene jeg tar i løpet av en dag. Kanskje er jeg flinkere til å skjule dem, til å holde dem inne i skapet – men hva hjelper det i møte med en Gud som leser hjertet mitt? Hvordan kan vi da si at noen andre lever et særdeles syndefullt liv, så lenge de elsker hverandre, uten å kaste stein i glasshuset vårt? Fordi det står i skriften? Etter mitt syn holder ikke det for Jesus. I Bergprekenen radikaliserer han de gamle budene. Han løfter dem opp til Guds standard. Han gjør dem umenneskelige. Vi kan ikke leve opp til dem. Hvem kan vel unngå å bli sint? Hvem kan elske sine fiender? Jeg tror de fleste menn tenker noen raske tanker når de ser en veldreid og flott kvinne – samme hvor godt gift de er. Hjelp, bjelkene røyser på..

Jeg er overbevist om at det ligger mer frelse i *ikke* å dømme, enn det ligger i å dømme – særlig når vi i tillegg er i tvil om fortolkningen. Vil dette si at vi sitter igjen med en tannløs kristendom som ikke kan mene noen ting i angst for å dømme? Nei, vi kristne er satt til å være i opprør og strid. Mot overgrep, urettferdighet, likegyldighet og ondskap – det er vårt kors. Da skal vi reise oss og skrike ut, slik Jesus har lært oss. Så spørs det da om kjærligheten mellom to mennesker av samme kjønn er fienden? Jeg tror ikke det.

Det er litt rart at homofilien har fått det fokuset den har fått. Hva med de andre syndene i lastekatalogen til Paulus? Alle er nok enige i at alkoholikeren er et belastet menneske, men tenker vi at han er en synder som ikke kan arve Guds rike? Kan ikke mennesker som opplever samlivsbrudd arve Guds rike? Jeg tror ikke det er så mange kristne ledere i dag som virkelig mener at disse to gruppene går fortapt. Samtidig kan de mene det om homofile som lever ut sin legning. Jeg vet om predikanter som har dømt homofile med grusomt harde ordelag, som selv har gått gjennom samlivsbrudd. Hvorfor reagerer vi ikke kraftig når en kvinne ikke bærer skaut i kirken? Dette var viktig for Paulus (1.kor 11,5). Hvis alt han skrev gjelder for oss i dag, da burde dette være en viktig debatt? Men det er det ikke. Det samme ser man når det gjelder hellighetsloven i 3. mosebok. Her står det en setning om homofili, det stemmer. Men det står en like lang setning om at prester ikke skal klippe håret – og da sliter i alle fall en skallet herremann som jeg. Hvordan kan man si at det ene budet plutselig gjelder mer enn det andre – hvis begge kommer direkte fra Gud?

Hva er det vi reagerer så veldig på når det gjelder de homofile? Hvorfor er det så galt at to mennesker av samme kjønn elsker hverandre? Hvordan kan en liten minoritet true forholdet mellom mann og kvinne? Dette synes jeg er vanskelig å forstå. Når Jesus hever røsten kan jeg jo forstå hva problemet gjelder. Han snakker hardt ut mot likegyldighet, fordommer, dømmesyke, troløshet, hovmodighet – men aldri mot kjærligheten. For ham er kjærlighet til Gud og mennesker det viktigste budet (Matt 22,36-40). Vi møter ofte oss selv i døren i møte med Jesus – og det kan være tøft nok, men vi skjønner likevel hva han peker på.

Lastekatalogens ord mot hor, grådighet, tyveri, ekteskapsbrudd og alkoholisme gir jo en viss mening. Disse tingene skader mennesker, direkte og indirekte. Men hvem skader de homofile som lever i forpliktende forhold – de som vi snakker om i dag? Hvem tar skade av deres kjærlighet? Her snakker vi ikke om pedofile, prostituerte eller voldtektsmenn – vi snakker om to mennesker som elsker hverandre. En kjærlighet de er født med. «God makes no mistakes» heter det i et slagord. Jeg tror det er noe i det.

Når noen taler de homofiles sak så er det lett å bli anklaget for å være både «politisk korrekt» og Bibeloppløsende. Da følger man liksom bare flertallet i folket, man er en feiging som dilter etter. Jeg er uenig. Jeg føler at dette er å ta Jesu ord om dommen på alvor med ydmykhet. Å feie for egen dør er en gudfryktig livsførsel:

«Ta først bjelken ut av ditt eget øye! Da vil du se klart nok til å ta flisen ut av øyet til din bror.»

Disse ordene kommer rett fra Sjefen selv. De ble slengt i fjeset på folk som levde strengt etter de hellige skriftene, skrifter også Jesus holdt for å være hellige. Likevel reagerer han kraftig når han tar dem i å gå hardt ut mot andre, selv om hele kulturen støttet opp under dommene deres. Selvfølgelig var det som de sa, det sto jo i loven. Det var ikke hvem som helst som felte dom – det var de mest innvidde, fariseerne. De nøt stor respekt for sin fromhet. Dessuten visste alle at en toller var en kjeltring, at han levde et syndefullt liv. Når Jesus ble konfrontert med, og testet i, skriftene – da avfeide han dem ikke. Han holdt dem for viktige, men han tolket dem til menneskets beste. For min egen del veier Jesu ord og handling tyngst. Han reiste opp dem som andre ikke ville ta i. Minoriteten, de utstøtte, de alle var enige om at det ikke fantes håp for. Det var nettopp dem det var håp for, det var de som kunne gå rakrygget hjem igjen. Jesus overrasket ofte sin samtid med kontroversielle og utenkelige avgjørelser, jeg tror han overrasker oss like mye i dag. Det er fordi Gud elsket oss først at vi kan reise oss som rettferdige mennesker. Forsoneren Jesus har åpnet porten – både for homofile og heterofile. I følge skriften står det at hver den som elsker, er født av Gud og kjenner Gud (1.Joh 4,7). Det står også at den som blir i kjærligheten blir i Gud og Gud i ham (1.Joh 4,16) – så spørs det da om vi har myndighet til å dissekere denne kjærligheten?

11. Psykiske og fysiske utviklingshemninger – Guds straff?

«Da Jesus kom gående, så han en mann som var født blind. Disiplene spurte da: «Rabbi, hvem er det som har syndet, han selv eller hans foreldre, siden han ble født blind?» Jesus svarte: «Verken han eller hans foreldre har syndet. Men nå kan Guds gjerninger bli åpenbart på ham. Så lenge det er dag, må vi gjøre hans gjerninger som har sendt meg. Det kommer en natt da ingen kan arbeide. Så lenge jeg er i verden, er jeg verdens lys.» Da han hadde sagt dette, spyttet han på jorden, laget til leire med spyttet og smurte den på mannens øyne. Så sa han: «Gå og vask deg i Siloa-dammen!» Siloa betyr utsendt. Mannen gikk dit og vasket seg, og han kom tilbake seende.» (Joh 9,1-7)

I denne teksten er vi som fluer på veggen da en mann får livet snudd opp ned. Han får en ny sjanse. Denne mannen vet hva ydmykelse er. Denne mannen vet hvordan det er å bli dømt. Han vet hvordan det føles å bli møtt med forventninger og fordommer – hvordan det føles å bli veid og funnet for lett. Slike som ham fikk aldri komme inn i templet, for å tilbe Gud. Det var blant annet fariseerne som sørget for det. Som vi har vært innom tidligere var mange av dem mer opptatt av ritualer og skikker, enn sine medmennesker. Renhetsreglene var spesielt viktige.

En konsekvens av disse reglene var for eksempel at de som hadde en fysisk eller psykisk lyte ble stemplet som urene. Derfor fikk de heller ikke gå inn i Herrens tempel, men måtte fint holde seg utenfor. Bare fariseerne selv var rene nok for Gud, til å gå like inn i tempelet – trodde de. På denne måten forsøkte de å regulere hvem som var god nok for Gud, og hvem som ikke var det – noe Jesus slett ikke likte. En lyte kunne være alt fra blindhet til noe så lite som at en finger manglet. Fariseerne satte seg ofte til doms over andre mennesker.

«Rabbi, hvem er det som har syndet, han selv eller hans foreldre, siden han ble født blind?», kom det fra disiplene.

Det var en vanlig oppfatning blant jødene på denne tiden, at fysiske og psykiske lyter var en straff fra Gud. Noen må ha gjort noe galt siden mannen er blind. Fordommene man kan møte på livets vei har ikke forandret seg mye. Bedrevitere har alltid vært der – og det kommer de alltid til å være. Mennesker kan felle dommer på feil grunnlag. Jesus var en mann som ikke var redd for å si sin mening og han talte ofte de høye herrer – bedreviterne – midt imot. Hvem er det som har syndet? I dette spørsmålet ligger det en anklage. Den blinde er en feilvare, han er ikke perfekt som oss andre. Derfor må det være Guds straff at han er slik. Da jeg jobbet med denne teksten kom jeg til å tenke på alle de norske psykisk og fysisk utviklingshemmede som har lidd urett gjennom historien i Norge. Om såkalte rettroende menn som har holdt svovelprekner om Guds straff, og etterpå forsøkt å drive ondskapen ut av ei jente med downs syndrom. Det er ikke så alt for mange tiår siden det skjedde i mitt eget nærmiljø. Ikke i kirken det jeg vet, men i alle fall i en kristen kontekst..

Og Paulus spør med rette: "*Men hvem er du, menneske, som tar til motmæle mot Gud?*" (Rom 9,20) Når ble det opp til mennesket å definere hva som er perfekt eller ikke? Jeg tror nok for eksempel at jenta med downs syndrom kunne lære oss et hav mer om ekthet, godhet og ydmykhet – enn han som sto på talerstolen med blodskutte øyne og veivet med hendene. Det vet jeg av erfaring, jeg har selv en bror som er psykisk utviklingshemmet. Han har lært meg mye om det å finne glede i selv de små ting.

"*Salige er de som er fattige i seg selv – Himmelriket er deres…*", sa Jesus. Hva som er perfekt eller ikke. Hva som er livskvalitet eller ikke. Guds mal for hva som er perfekt er nok totalt annerledes en vår – heldigvis.. Jesus brydde seg ikke om inngrodde regler som sto menneskets ve og vel imot. Det var som sagt ikke sjelden han tok et oppgjør med slike regler. Jesus lar seg ikke blende av andres fordommer. Han ser på mennesker fra Guds perspektiv. Han ser et godt hjerte, der andre ser en toller og en synder. Han ser muligheter og stort potensiale, der andre ser svakhet og lyter. Teksten handler om å få synet tilbake, om å se klart. Den blinde mannen ser plutselig klart. Men i versene som følger etter denne teksten sår fariseerne tvil om mannens egne opplevelser. De nektet å tro at mannen har vært blind, derfor forhører de til og med foreldrene hans. Men skuffelsen er stor og sinnet enormt da de får de samme svarene hos dem som hos mannen selv. Han *var* blind, men nå kan han se. Til slutt kaster de mannen ut av synagogen i raseri.

Dette er mennesker som *ikke* ser klart. De ser ikke hvem Jesus er. De ser heller ikke menneskene rundt seg for bare regler og forskrifter. De er mer opptatt av å så tvil, enn å glede seg med en mann som kan se for første gang. Jesus sier at han er «*verdens lys*». I dette lyset kan vi se klart. Dette lyset gjør at vi ser Gud og medmennesker bedre. Slik har det slett ikke alltid vært. Kristendommen har til tider vært preget av mørke. Både i de gamle tider, men også i de mer moderne. Mørket kom med menn og kvinner som la større vekt på fortapelse, synd og ondskap enn på nåden og kjærligheten. De har forsøkt å føre mennesker til en kjærlig Gud – ved hjelp av trusler, skremsler – til og med vold. De har forsøkt å gi oss inntrykk av at skaperverket er bare ondt, vondt og syndig. Jesus sier at han er verdens lys. Jeg håper mørkets time i kirken er omme. Jeg synes ikke mørkemenn og svovelpredikanter skulle få tale Guds sak mer. Det er ikke vår Herre verdig, Han som er kjærlighet. Vi skal ikke følge Jesus fordi vi frykter og er redde, men fordi Jesus er frelseren vår. Fordi vi lar oss inspirere av godheten og kjærligheten. Inspirert av en Gud som krummet nakken og sto rakrygget opp mot overgriperne, som alltid står på de svakes side og som ser potensialet i alle. En Gud som tilgav og ba for sine overfallsmenn – mens de spikret ham naken til et kors (Luk 23,34).

Å tro på Jesus er ikke å følge strenge regler for reglenes skyld - om de ikke gagner våre medmennesker. Å tro er ikke å stenge mennesker ute slik fariseerne gjorde, men det er å alltid streve etter å være på de svake og undertryktes side. Det er å tale for de som ikke har krefter til gjøre det selv. Kristendommen er en fredsreligion, la det ikke herske noen tvil om det. Samtidig er vi som kristne konstant i krig. Hellig krig. Med det mener jeg at vi alltid skal være beredt til å gå i kamp mot undertrykkelse, ondskap og vondskap. Vi skal ikke finne oss i at vi selv eller andre lider og har det vondt. Det er et hellig oppdrag – vår hellige krig.

12. Når vi deler troen med andre

Som kristne snakker vi ofte til andre om troen vår. Jeg for min del, tenker sjelden over at jeg faktisk driver misjon da. Det er lett å tenke seg at det bare er de som er lønnede misjonærer som driver med slikt. Men troen vår betyr mye for oss, derfor prater vi om den til andre mennesker. Når vi deler av oss selv, så påvirker vi de rundt oss, og vi blir påvirket av dem. Vi kan påvirke hverandre både positivt og negativt.

Misjon kan drives på mange måtar. "*Så kommer da troen av budskapet man hører...*", skriver Paulus. Vi har med andre ord et stort ansvar når vi misjonerer. Vi prater på vegne av noen andre enn oss selv, på vegne av Gud. Det er ikke alltid et menneske klarer å skille den som forkynner, fra det som blir forkynt. Jeg syns det er skummelt å tenke på at når noen har fått Gud i vrangstrupen, så har de ofte møtt kristne som har forkynt Gud på feil måte. De har hørt et budskap som har revet troen ned, heller enn å bygge den opp.

En gang hadde jeg samtaler med en kar som fortalte at han hadde en blitt martyr for troen, akkurat slik Jesus hadde forutsagt i skriften. Familien hadde vendt seg mot ham, akkurat slik det står skrevet. Men det gjorde ingenting mente han, for det var et kors han måtte bære. Likevel var han skuffet og trist fordi de var så avvisende. Det skulle vise seg at det familien reagerte på var at vedkomne snakket overivrig om Jesus hele tiden, på en måte og med et språk som virket både påtatt og fremmed for dem. Alt dreide seg om å ta et valg og bestemme seg før det var for sent. Det er klart det blir slitsomt å skulle ta stilling til dette hver gang familien samles. De opplevde at han hadde forandret seg radikalt, derfor møtte de hans ferske tro med skepsis. Den hadde en negativ påvirkning på ham; "Gutten vår har blitt hjernevasket, vi kjenner ham ikke igjen". Mannen på sin side var ikke sen til å ikle seg martyrdrakten. En selvoppfyllende profeti.. Men han ble ikke martyr fordi andre forsøkte å hindre ham i å tro, men rett og slett fordi han tvang seg på dem. Han skremte dem.

Så kan man jo spørre; må man misjonere hele tiden som kristen? Hvordan gjør man det eventuelt best? Ved å skyte ut et bibelvers i tide og utide, som for sin egen misjonssamvittighets skyld? Eller ved å vise gjennom sin væremåte og handling at dette er noe godt, trygt og ok? Misjonerer man best ved å fjerne seg fra mennesker, eller ved å være der de er i sine liv - og kanskje berike dem med en ny dimensjon der det passer inn? Frans av Assisi skal ha sagt: "*La oss spre evangeliet, om nødvendig med ord*".

Når vi misjonerer i våre egne liv må vi bruke Gud som eksempel. Vi må trå fram med omsorg, respekt og kjærlighet. Da vår Herre hadde noe viktig å gi oss mennesker, hadde han ydmykhet og respekt nok til å bli som oss, leve som oss og dø som oss. Når vi går ut i verden for å vitne om det vi tror på, tenker jeg at vi alltid må følge vår Herres eksempel. Vi må våge å vise respekt for å få respekt. Vi må vise i handling, det vi sier med ord. Kristendommen er en meget handlingsorientert religion.

Ja, det finnes kristne som er mer opptatt av å dømme andre med et salig glis om munnen, mens de glemmer helt å ta sine egne feiltrinn på alvor. Jeg har hørt om fattige hjem som tok i mot emissærer, som om de var småkonger – for ikke så alt for mange år siden. Foreldrene satte frem de lekreste retter til emissæren, mens barna – de jeg har fått historiene fra – fikk fattigmannskost som alltid. Mange emissærer så det som en selvfølge at det var slik. Barna, som nå er voksne, har den dag i dag et anstrengt forhold til kristendommen. Og hvem kan klandre dem? Jeg gjør det iallfall ikke. Hadde det vært noen ryggrad i disse emissærene, så hadde de gitt den beste maten til barna – og selv spist de tørre skivene. Nå gjaldt dette selvfølgelig ikke alle emissærer, men de som oppførte seg slik har ødelagt mye..

Jeg har snakket med kristne som er så tilkneppede og livsfornektende at man blir dyster til sinns av å snakke med dem. Slike underlige holdninger og handlinger – skaper mange unødvendige riper og sår, og fordommer. Som en konsekvens er mange kristne nesten redde for å kalle seg kristne – i frykt for å bli sett på som dømmesyke fanatikere, eller som «rare» mennesker. Jeg har selv sagt: «ja jeg er kristen, men jeg er ikke en slik som liker å dømme andre altså – jeg er en helt vanlig fyr». Jeg begynner en ny relasjon ved å beklage at jeg er til, beklage at jeg tror på en Gud som er veldig viktig for meg. Det er en merkelig måte å møte nye bekjentskaper på. Det skal ikke være slik.

Jeg synes vi skal være stolte av å være kristne. Vi skal være stolte av å tilbe en Gud som er kjærlighet. Det vil alltid finnes de som vil kvele lyset, selv med Bibelen i hånd. Slike som tror de kan skremme og true mennesker til Gud, og som ikke skjønner at de derfor selv er med på å hindre at mennesker søker Gud. Det vil alltid finnes de som tror de sitter inne med den hele og fulle udiskutable sannheten, og som gjør kristendommen så spesiell at folk ikke våger å oppsøke den. Og enda verre, det finnes dem som får vanlige mennesker til å føle at de ikke er gode nok for Gud. Det er på grunn av disse jeg har følt for å unnskylde meg for at jeg er kristen. Det gjør jeg ikke lenger. For disse menneskene er ikke min rettesnor. Jesus fra Nasaret er min rettesnor, det er han som setter standarden.

En mørk kristendom – preget av høy domsmoral og smale porter – må ikke vinne terreng. En slik kristendom må ikke hindre mannen i gata i å være stolt av vår kristne arv – både troen og tradisjonen. Vår kristne arv har formet oss som nasjon. Den har gitt oss en felles identitet. Til verden sier den noe om hvem vi er og hva vi står for. Det er den vi har tuftet etikk og leveregler på. Jeg synes vi skal bekjenne troen på vår gode Gud, med frimodighet og stolthet. Når vi er trygge på hvem vi er, og hvor vi står, er det lettere å møte våre medmennesker med den åpenheten, frimodigheten og varmen de fortjener. Det er bare ved å være stolt av og tro på det vi gjør og det vi er, at vi virkelig kan utrette noe her i verden. Bare slik kan vi rydde vei for vår gode Gud. Ikke ved å ramse opp bibelvers og rette pekefinger, men ved å forklare evangeliets gode budskap gjennom handling.

13. Vær ikke bekymret for morgendagen!

Livet er fullt av bekymringer. Noen av oss tar dem mer seriøst enn andre. Vi grubler mer på dem og er ofte tidlig ute med å tenke ut ting som *kan* gå galt. Midt oppi dette står Jesus fjellstøtt og sier:

«Hvem av dere kan vel med all sin bekymring legge en eneste alen til sin livslengde? Så gjør dere ikke bekymringer, og si ikke: 'Hva skal vi spise?' eller 'Hva skal vi drikke?' eller 'Hva skal vi kle oss med?' Alt dette er hedningene opptatt av. Men den Far dere har i himmelen, vet jo at dere trenger alt dette. Søk først Guds rike og hans rettferdighet, så skal dere få alt det andre i tillegg. Så gjør dere ingen bekymringer for morgendagen; morgendagen skal bekymre seg for seg selv. Hver dag har nok med sin egen plage.»

I Michigan i 1950 vil jeg tro det var to afroamerikanske foreldre som bekymret seg veldig på sykehuset. Lulu og Calvin, foreldrene til sangstjernen Stevie Wonder, hadde fått en gutt alt for tidlig. Bekymring nummer èn kom snikende: ville den lille gutten overleve? Så ble det komplikasjoner, legene jobbet febrilsk, men den lille gutten ble blind. Bekymring nummer to banket på døren: hvis han overlevde dette, hvordan skulle han klare seg i livet? Han ble født inn i et samfunn som på mange måter holdt tilbake og så ned på fargede mennesker. Om ikke det var tøft nok så skulle han møte denne virkeligheten som blind.. Ikke bekymre deg for morgendagen? Yeah, right!

Slik tenker mange av oss tror jeg. Jeg tipper at alle av og til bekymrer seg for morgendagen. Jeg kan være veldig god til å bekymre meg. Da kommer dette mantraet: «Hva hvis, men tenk om, det kan jo være at..» Kona tenker litt mer som Jesus. Høres jo fantastisk ut, men hun gjør faktisk det – i alle fall på dette området. Når jeg kommer med mine ”hva hvis, tenk om, det kan jo være at” – så kontrer hun altfor ofte med; «Det tar jeg når det kommer John, hvis det kommer…» Og det er jo nettopp det som er poenget til Jesus også. For hva hjelper det vel å bekymre seg?

Bekymringene blir en bekymring i seg selv. Ofte kommer de uten grunn. Kanskje har vi gruet oss i flere dager, og så skjer det ingenting… alt ordnet seg. Da er det nesten så en blir litt skuffet.. var det alt?

Det er viktig å ikke la slike skumle «men, hva hvis?» - spørsmål bli hengenede ubesvart i luften. Da er det bedre å prøve en vinkling som: «*hvis* det skjer, da skal jeg gjøre slik og slik». Får vi til det så har vi en plan, og en god plan gjør situasjonen tryggere. I nærkampsystemet Krav Maga, som jeg er instruktør i, lærer vi å ta det enda et steg videre. Vi prøver å tenke slik: «*når* det skjer, da skal jeg gjøre slik og slik». På den måten trener vi på å være mentalt forberedt i møte med det ukjente. Vi må forvente at noe uforutsigbart vil dukke opp. Målet er å tilpasse seg når det skjer, fortsette å løse oppgaven og komme oss i sikkerhet. Ja, jeg driver med mye rart..

Professor Ingvard Wilhelmsen, startet i 1995 Norges første og eneste hypokonderklinikk. Han hjelper mennesker som har gjort bekymringer til sin hverdag. Listen for hva vi kan bekymre oss for kan jo bli lang. Uendelig lang. Noen mennesker bekymrer seg syke. De kan bekymre seg for bakterier, folk, ja hva som helst. Om vi skal investere så mye i bekymringer så må vi se på hvilken avkastning det gir, sier Wilhelmsen til pasientene sine. Får vi uttelling for all tankevirksomheten? Eller kunne vi brukt tiden til noe annet, kanskje noe litt mer positivt? Wilhelmsen mener at vi kan trene oss opp til å tenke at ting går bra til det motsatte er bevist. Han sier at han er villig til selv å begynne å bekymre seg, hvis noen av pasientene klarer å overbevise ham om at det gir mer livskvalitet – at investeringene gir bra avkastning. Hittil har ingen klart det, sier han.

En ting er å bekymre seg for tenkte ting som kanskje aldri vil skje. Noe ganske annet er det når vi plutselig står i noe reelt, som skremmer oss skikkelig. Lulu og Calvin gjorde det. Bekymringen var ikke til å unngå. Om noe skjer med barna våre som vi ikke har kontroll på, om vi selv blir alvorlig syke.. Vel, det å miste kontrollen er noe vi mennesker takler dårlig. Da er det ikke så lett å lytte til det Jesus sier. En venn av meg som er psykolog sier at vi skal lære oss å *tenke* på de skumle tingene, men ikke *gruble* på dem. Det er en utfordring å la tanker komme og gå, uten å henge seg opp i dem og dyrke dem. Vi velger selv hvilke tanker vi ønsker å vie mest oppmerksomhet. Det er nok litt av poenget til Jesus også. For hva hjelper det vel å gruble på bekymringer? La morgendagen være morgendagen – forsøk å leve mens du gjør det. Grip dagen!

Søk først Guds rike, sier Jesus. Og slik peker han oppover mot en som alltid har kontrollen. Jesus sier vi kan bekymre oss alt vi vil, det hjelper ikke. Men om vi søker Gud så vil det gå godt uansett hvordan livet bærer ad med oss. At det vil bli en happy ending uansett hvor svart det ser ut. Om det går aldri så galt, går det til slutt godt i hans hender – han som skal tørke bort enhver tåre (Åp 21,4). Å gi fra seg vår innbilte kontroll, det kan være vanskelig. Men om vi klarer å forestille oss at det er slik Jesus sier, at han faktisk er Guds sønn. At det er slik at han har innsikt i alle mysterier og uløselige gåter. Om vi klarer å tenke oss at det er sant, da blir disse ordene han serverer oss veldig mektige. Når han som kan se historien vår helt frem til tidens ende sier at vi ikke skal bekymre oss, da skal vi kanskje lytte med spesiell oppmerksomhet? For han gjentar det ofte. Ikke bekymre dere. Disiplene var redde for døden; ikke ha angst, sa Jesus – i min fars hus er det mange rom.. Slapp av, lev i nuet.

Stevie Wonder er kanskje den mest berømte blinde personen i verden. Handikappet hans kunne lett ha blitt en kilde til bekymring og tungsinn. Men Wonder klarte å heve seg over det. Humor ble et av hans våpen mot bekymringene. Det finnes veldig mange vitser om ulike funksjonshemminger, det finnes mange Stevie Wonder-vitser. Det kunne han jo tatt ille opp, men nei.. Den han selv ler mest av er den som går slik: Hva sa Stevie Wonder da han fikk en gulrotrasp av kona til jul? Han sa: "fytti katta, dette var den mest voldelige boka jeg noen gang har lest."

Noen spesielle øyeblikk har det vært opp igjennom. Øyeblikk han kunne tatt ille opp, om han valgte å bekymre seg. The Washington Post tok et spesielt bilde i mars 2002. Wonder opptrådde i forbindelse med en

presidentkandidatgalla på Ford Theater. Da han kom ut på scenen reiste cowboyen George W. Bush seg og vinket oppmuntrende til Wonder. Bildet av presidenten som vinket til en blind mann frydet hele nasjonen.
Noen var litt bekymret for hvordan Stevie Wonder tok dette, men igjen.. det ble bekymringer uten grunn. Wonder spøker ofte selv om det å være blind. Som da han i 2008 stilte i en støttekampanje for Barack Obama. Michelle Obama tok ham i armen for å ledsage ham på scenen. Det hjalp ikke mye for begge snublet i det siste trinnet. Wonder var rask med å skyte inn at han var så opptatt av å se på den neste førstedamen, at han helt glemte å se på trappen.

De to foreldrene, Lulu og Calvin, som i 1950 satt med hodet i hendene og bekymret seg for den lille gutten sin – de bekymret seg uten grunn. En stor musikk-karriere skulle bevise det.

14. Troens møte med det ondes problem

Når vi i forrige kapittel tok for oss bekymringene, så har vi en naturlig overgang til et problem som har plaget og bekymret teologer i alle tider; det ondes problem.

Det onde og vonde er ikke vanskelig å få øye på. I dag blir vi bombardert med ulykker, krig og katastrofer hele tiden, overalt. Blant mange andre så jeg en krigsdokumentar fra Gazakrigen hvor inntrykkene slo meg hardt i ansiktet. Der var fortvilte foreldre som bar rundt på sønderskutte barn – til sykehus som ikke hadde utstyr og bemanning til å hjelpe. Jeg så bilder av barneøyne som var matte av frykt og like etter så jeg voksne mennesker snakke om krigsstrategier i et TV studio – som om det vi alle er vitner til er et avansert dataspill.

Jeg kjente på en veldig lyst til å hjelpe, til å gjøre noe – samtidig som avmakten omtrent tvinger engasjementet ned i et tungsinn. Det tror jeg ikke at jeg er alene om. For det gjør noe med oss mennesker å se slik grusomhet. Vi er ikke skapt for slik ondskap. Egentlig skulle vi alle fått kriseterapi fra profesjonelle etter å ha sett slike bilder på TV. I stedet blir vi dessverre vant til det, og slår heller av TV`n.

Når man ser hva som utspilte seg i Gaza, og hva barn opplever av krig i mange land – ja når man ser bilder av krig og katastrofer i det hele tatt – kommer det uunngåelige spørsmålet snikende; Hvor i all verden er Gud hen? Greit nok at han ble menneske for to tusen år siden, men hvor er han nå? Hvor er Gud i all galskapen? Det er tøffe spørsmål som det ikke finnes noe lett svar på. Innen teologien har vi et eget faguttrykk for disse spørsmålene; teodicè, eller «det ondes problem». Det er som et regnestykke som ikke vil gå opp. Det dummeste vi gjør, tror jeg, er å komme med lettvinte løsninger. Av respekt for de som blir rammet av ulykken. Jeg skulle ønske Gud kunne storme inn i Gaza, stoppe soldatene, gi lederne på begge sider fornuft og vilje til fred – og ikke minst skjerme barna og de vergeløse. Men hvor er Gud? Han hadde lovet å være med oss alle dager, til verdens ende. Å åpne for dette spørsmålet, og tankesirkelen som følger, er alltid tung og tøff for alle som tror på Gud – og kanskje spesielt for en prest.

"*Den som blir i kjærligheten, blir i Gud og Gud i ham, for Gud er kjærlighet*", står det i 1. Johannes brev.

Dette er min favorittsetning i Bibelen (og jeg har nevnt den før, jeg vet!). Den stikker dypt. Den gir en beskrivelse av Gud og sier oss litt om hvordan han virker. For kanskje er det slik at vi ikke ser skogen for bare trær? I følge 1. Johannes brev er Gud mye nærmere enn vi kanskje skulle tro. Gud er kjærlighet, han virker i og blir i kjærligheten – blant annet. Der hvor det finnes kjærlighet, godhet og omtanke – der finner vi også Gud. Der finner vi en handlende Gud. I følge Johannes 1. brev jobber Gud gjennom et fenomen som er så kjent for de fleste av oss at vi tar det for gitt. Kanskje er Gud *for* nær, så nær at vi ikke ser at det er ham.

Vi kan få en god og varm klem av en av våre kjære, og like etterpå rette oss mot himmelen og spørre; hvor i all verden er du Gud? I følge Johannes var Gud tilstede i den klemmen. Kjærligheten finnes i og rundt oss alle. I alle land – blant alle folkeslag. Gjennom den vet vi at Gud er her hos oss. Gjennom den vet vi at Gud var tilstede i det mørkeste mørke i Gazastripen. Der hvor en mor eller en far holder rundt sitt lille barn, der er kjærligheten – plantet i dem av Guds hånd, lenge før et menneske tok i dem. Nå tror ikke jeg at Gud kan låses inn i *ett* begrep – kjærligheten. Han er en størrelse vi ikke kan fatte. Men Johannes har gitt oss et veldig viktig hint på veien.

Så, hvorfor betyr det noe for oss i dag at Gud ble menneske? Jo fordi den viser oss at Gud anerkjenner det menneskelige. Han anerkjenner det menneskelige som en arena hvor han kan virke – han anerkjenner det menneskelige som et av sine instrumenter for å nå ut med sine ord og handlinger. Og ikke nok med det – han velger å bli et menneske, med alt det innebærer. All smerte og sorg, all glede og latter. Kjærligheten drev ham til å forlate sin trygge allmektige tilværelse. For vår Herre måtte denne overgangen være som å stå oppreist i ei lita jolle i full storm. Han fikk kjenne på det uforutsigbare, han var ikke lenger beskyttet. Den dagen ble Gud en medvandrer. Gud vandrer med oss til verdens ende.

Men selv om Gud følger oss på veien, vil ikke det automatisk gjøre veien mindre kronglete og uforutsigbar. Disiplene hadde sine tøffe dager selv om Jesus gikk midt i blant dem. Likevel fant de styrke – i håpet Jesus bragte med seg. Håpet om et sted hvor rettferdigheten en dag skal skje fyllest. Et sted hvor det ikke er rom for ondskap og smerte. Et sted hvor det endelig er ondskapen som skal tape – og hvor de svake, undervurderte og bortglemte endelig skal få komme først i køen (Matt 20,16). Dette håpet har vi også del i. Og Gud holder sitt løfte, Han vandrer virkelig med oss. Opp de flotteste fjelltoppene i livet og ned i de mørkeste, kaldeste dypene. Han ser alt og han teller hver en tåre. Det finnes ingen systematisk teolog i verden som kan forklare Guds tilstedeværelse i det tøffe livet – så enkelt og fullgodt – som Bjørn Eidsvåg gjør det i sangen «Eg ser»;

Eg ser at du er trøtt
Men eg kan ikkje gå alle skritta for deg
Du må gå de sjøl
Men eg ve gå de med deg
Eg ve gå de med deg

Eg ser du har det vondt
Men eg kan ikkje grina alle tårene for deg
Du må grina de sjøl
Men eg ve grina med deg
Eg ve grina med deg

Eg ser du vil gi opp
Men eg kan ikkje leva livet for deg
Du må leva det sjøl
Men eg ve leva med deg
eg ve leva med deg

Eg ser at du er redd
Men eg kan ikkje gå i døden for deg
Du må smake han sjøl
Men eg gjer død til liv for deg
Eg gjer død til liv for deg
Eg har gjort død til liv for deg

Eidsvåg tar ingen lettvinte løsninger, han beskriver ikke et enkelt liv – fullt av solskinn. Likevel skinner lyset gjennom i disse tekstene. De er preget av håp og trøst – og de ser frem mot noe bedre. Gud er midt i blant oss. Blant annet gjennom kjærligheten – gitt av våre kjære og andre som vil oss vel – kan vi fornemme Hans nærvær. Guden som lot seg døpe som menneske – for å komme sin skapning nærmere.

Gud virker selvfølgelig på andre måter også – helt uavhengig av oss mennesker, men Han er alltid tilstede i kjærligheten. For «Gud er kjærlighet». Husk det neste gang du får et smil fra din kjære eller en god klem fra barnet ditt.

15. Når død og sorg utfordrer troen

Død og sorg er noe vi alle kommer i kontakt med før eller siden. Jeg beskriver døden fra flere sider i boken. Det er fordi den oppleves ulikt, alt etter hvordan vi møter den og hvor gamle vi er når vi gjør det. Jeg har møtt mennesker som har lengtet etter døden, og mennesker som frykter den som sin verste fiende.

En ting er sikkert; død og sorg kan ryste troen vår. Det å miste noen kan gjøre så uendelig vondt at det føles som om marg og bein blir knust. Det er nesten vondt å puste. Det er heller ikke lett å vite hva en skal si når tragedien først er ute. Det finnes ingen magiske ord som fjerner sorgen på et blunk. Jeg har aldri hatt noen tro på lettvinte løsninger. Det har ikke Bibelen når det grusomme skjer. Heldigvis. Ta salmene i det gamle testamentet for eksempel. De er fulle av frustrasjon og smerterop. Som i Salme 13:

«*Hvor lenge, Herre? Vil du glemme meg for alltid?*
Hvor lenge vil du skjule ansiktet for meg? Hvor lenge skal jeg ha uro i sjelen og sorg i hjertet hele dagen?»

Salme 69 skriker mot Gud: «*Frels meg, Gud! Vannet når meg til halsen. Jeg har sunket ned i myr og dyp, foten finner ikke feste. Jeg er kommet ut på dypt vann, flommen skyller over meg. Jeg er trett av å rope, strupen er hes, øynene slukner, jeg har ventet på min Gud.*»

Hos evangelisten Lukas i det 22. kapitlet kan vi lese om Jesu egen kamp: *«Han slet seg fra dem så langt som et steinkast, falt på kne og ba: «Far, om du vil, så ta dette begeret fra meg! Men la ikke min vilje skje, men din!» Da viste en engel fra himmelen seg for ham og styrket ham. Og han kom i dødsangst og ba enda mer inntrengende, så svetten falt som bloddråper ned på jorden.»*

Dette er en rå skildring av et menneske som står overfor døden. Angsten og ensomheten river i Jesus. Det står at Jesus slet seg fra disiplene og ville være for seg selv. Mange har det slik når de blir redde. De vil være for seg selv. Bibelen tar menneskelivet på alvor, den tar på alvor at vi mennesker blir lammet og rådløse. Heldigvis står det ikke at de som trodde på Gud ikke var redde i det hele tatt. For det er mange kristne som tenker slik; «Jeg kan da ikke frykte noe, jeg som tror på Gud. Hvilket vitnesbyrd er vel det?» Så får de kanskje dårlig samvittighet i tillegg til angsten.

Sannheten er at vi som er religiøse blir redde som alle andre. Til og med Jesus ble redd – livredd. Bibelen er veldig ærlig og jordnær på det punktet. Jesus og disiplene hans beskrives som ekte mennesker. Det gjør at vi som leser Bibelen i dag kan kjenne oss igjen. Kanskje ikke i skikker og tradisjoner – men i følelser og menneskelige reaksjoner. Et sprang på to tusen år blir kanskje ikke så mye om vi tenker slik. Et menneske er og blir et menneske. Gud tok ingen lettvinte løsninger da han ble menneske. På korset, når smertene bet inn i en sliten døende kropp, da løftet Jesus blikket mot himmelen og skrek: *«Min Gud, min Gud, hvorfor har du forlatt meg!»*. Så vondt kan livet gjøre at selv Guds sønn begynner å lure; hvor er Gud hen? Da er det kanskje ikke så rart at vi kan gjøre det samme..?

Når ulykken rammer ser det ut til at vi blir rystet alle mann. Beina blir slått vekk under oss, vi vakler og faller. Men skrikene våre forsvinner ikke bare ut i evigheten. De blir mottatt av en som forstår og føler med oss. For Jesus kjenner den vonde siden av livet. Han har vært der, i det fortapte mørkeste mørke. Der ingen kunne trøste, der ingen nådde ham. Han som en gang reiste seg opp i båten og stilnet stormen. Dette var en storm han ikke kunne stilne. En indre storm som et lite øyeblikk visket ut skillet mellom Gud og mennesket. Derfor er Jesus er en god følgesvenn gjennom det tøffe livet. Han lytter alltid, han tåler sinne, han tåler frustrasjon og anklager, og han bærer oss når vi knekker sammen. Han er Herre over både de levende og de døde. Der ligger håpet vårt. Da den mektige kong David mistet gutten sin sa han:

«En gang skal jeg dra dit han er, men han kommer aldri tilbake til meg.»
(2. sam 12,23)

Våre kjære på den andre siden kan ikke komme tilbake til oss, men en dag skal vi til dem. Håpet kirken bærer med seg er at vi en gang skal få se våre kjære igjen. På et sted hvor ulykker, uforutsigbarhet og tragedier ikke finnes. Et sted der Guds vilje rår fullt og helt. Jeg tror ikke døden har makt til å avslutte et forhold, bare føre det over i en ny fase. Det er fordi

kjærligheten er sterkere enn døden. Kjærligheten går aldri bort, minnene går aldri bort. De er gjemt i hjertene våre.
Døden er en underlig ting. Den er ikke kjent for å ta hensyn, døden passer aldri inn. Den virker grensebrytende på oss mennesker. Den er uvirkelig, samtidig er vi smertelig klar over at den er virkelig. Døden er det eneste sikre vi vet om her i livet.

Vi har god kjennskap til dødens opprivende og destruktive konsekvenser. I kirken snakker vi av og til om døden som en illusjon. Tilsynelatende blir en kjær revet fra oss, og han blir borte. Vi kaller døden en illusjon fordi vi ikke tror han blir borte. Vi tror han skal hjem til Gud. Den katolske helgenen Frans av Assisi var sikker på at han skulle hjem til Gud da han døde på et jorde i Italia i 1226. Han hadde lenge vært hardt plaget av sykdom, og hadde sterke smerter. Frans kalte døden for "søster" og "hjelper". I salmeboken vår er salme 290 inspirert av hans tanker om døden:

"*Takk gode Gud for søster død, den siste hjelper i vår nød. Hun kjører vognen stille frem, når det er kveld og vi skal hjem*".

Jeg har vært prest i mange begravelser. Det er stor forskjell på dem. De tyngste begravelsene for meg er når vi må ta farvel med unge mennesker. Noen må forlate denne jorden så alt for tidlig. Jeg har gjort meg mange tanker der ute blant gravstøttene. Man kan ikke alltid måle et liv ut ifra antall år. Man må ta med innholdet også når man skal oppsummere det. Jeg har fulgt unge mennesker til graven som har mer livserfaring enn mange gamle. Mange av dem har kanskje levd kort, men de har levd dypt. I løpet av de få årene de fikk har de levd til fulle. De har fylt livet sitt med kjærlighet og opplevelser - de har skapt noe. Andre fikk mange år på jorden, uten å klare det samme. Lev dypt min venn. Ta vare på deg selv og andre, nyt, utforsk og skap! Ikke fokuser så mye på døden og lengden på livet – fokuser heller på hva du fyller livet med mens du har det. Det er en utfordring for oss alle.

16. Fest og moro – fysj og fysj?

Etter et kapittel om døden og det dystre fortjener vi litt fokus på det mer lystige. Det kan virke som en brå overgang, fra død til fest – men begge er en del av livet.

Alkohol og sex, mange forventer at kristne øyeblikkelig skal heve øyenbrynene i misnøye når disse ordene nevnes. Jeg gjør ikke det, og her skal jeg forklare litt om hvorfor.

Evangelisten Johannes beskriver en fest hvor Jesus selv var gjest, og hvor han utførte sitt første mirakel i evangeliet; han gjorde vann om til vin. La oss ta en titt på hva teksten sier:

«Den tredje dagen var det et bryllup i Kana i Galilea. Jesu mor var der. Også Jesus og disiplene hans var innbudt. Da vinen tok slutt, sa Jesu mor til ham: «De har ikke mer vin.» «Kvinne, hva vil du meg?» sa Jesus. «Min time er ennå ikke kommet.» Men moren hans sa til tjenerne: «Det han sier til dere, skal dere gjøre.» Det sto seks vannkar av stein der, slike som brukes i jødenes renselsesskikker. Hvert av dem rommet to eller tre anker. «Fyll karene med vann», sa Jesus til tjenerne. De fylte dem til randen. «Øs nå opp og bær det til kjøkemesteren», sa han. Det gjorde de. Kjøkemesteren smakte på vannet. Det var blitt til vin. Han visste ikke hvor den var kommet fra, men tjenerne som hadde øst opp vannet, visste det. Da ropte han på brudgommen og sa: «Alle andre setter først fram den gode vinen, og når gjestene blir beruset, kommer de med den dårlige. Men du har spart den gode vinen til nå.» Dette var det første tegnet Jesus gjorde, det var i Kana i Galilea. Han åpenbarte sin herlighet, og disiplene hans trodde på ham.» (Joh 2,1-11)

Timen var kommet. Jesus måtte lytte til sin mor. Dette var kvelden da han skulle vise at han har makt til å forandre. De seks vannkarene det her er snakk om kunne romme mellom 430 og 650 liter. Det var altså ikke så rent lite vin det var snakk om. Jesus gjorde vann om til vin, slik han gjør dåpens vann til en nådekilde, og brødet og vinen til sin egen kropp og sitt blod i nattverden.

«Alle andre setter først fram den gode vinen, og når gjestene blir beruset, kommer de med den dårlige. Men du har spart den gode vinen til nå.»

I denne teksten får vi en festbeskrivelse fra Bibelsk tid, og med setningen overfor får vi også et realt festtips med på kjøpet; sett først frem den gode vinen, så den dårlige. For da spiller det liksom ikke så stor rolle likevel. Teksten sier oss at Bibelen på ingen måte fordømmer en god fest eller noen glass vin til maten. Tvert imot. Kanskje har du hørt vandrehistorien om hva de kristne svarer når de blir konfrontert med teksten om bryllupet i Kana; «*Ja, vi vet at Jesus drakk vin – men vi liker det ikke*».

Dette er en morsom historie, men den har også et snev av alvor i seg. For hvor mange har ikke kirken opp i gjennom dømt som drukkenbolter og store syndere – nettopp på grunnlag av at de nyter alkohol? Jeg har selv venner som har uttalt; «*ja, jeg tror på Gud, men jeg kan jo ikke kalle meg en kristen, jeg som er så glad i en god fest*». Det er fundamentalt galt – iallfall om fundamentet er Bibelen.

Jeg har snakket med mange prester også, som sier de nærmest ynker seg på vei inn på vinmonopolet for å kjøpe seg en god flaske vin til maten. De er redde for å bli sett, redde for å bli sett *ned på* og misforstått av sine egne trosfeller. Vel, den erfaringen deler de med vår Herre. Tro det eller ei. I Matteusevangeliet tar Matteus seg tid til å rydde noen fordommer av veien før han går videre. For noen blant folket hadde reagert negativt på at Jesus kunne kose seg med god mat og vin. I Matt.11,19 finner vi hans forsvar av sin Herre og Mester: «*Menneskesønnen kom; han spiser og drikker, og de sier: 'Se, for en storeter og vindrikker, venn med tollere og syndere!' – Men Visdommen har fått rett, det bekrefter gjerningene hennes.*»

Nå er jeg vel vitende om at det er en klar sammenheng mellom alkohol og rus på den ene siden, og vold og kriminalitet på den andre. Og jeg har stor respekt for de som har valgt å ikke røre alkohol som en motvekt mot slike utfall. Alkoholen kan settes i forbindelse med vondskap og ondskap. Den kan føre til sykdom. Den kan misbrukes som alt annet. Men det kan også Bibelen. For eksempel når man bruker Guds ord til å felle dom over sin neste. Når en bruker den til å gjøre Gud fjern for andre mennesker.

Men det er også en annen side, som den vi finner i teksten om bryllupet i Kana. Hvor vi er vitner til et lystig lag, hvor mennesker feirer noe stort sammen og vil hverandre vel. De var glade og feststemte. I dette laget valgte Guds sønn å gjøre sitt første mirakel på jord – i følge Johannes. Vi må med andre ord foreta et klart skille, et skille som kirken ikke alltid har mestret å formidle. Vi må skille mellom det å nyte alkohol i fredelige former i gode venners lag, gjerne over et godt måltid – og et alkoholforbruk preget av avhengighet og vold. Det er og blir en stor forskjell mellom bruk og misbruk.

«Men Visdommen har fått rett, det bekrefter gjerningene hennes», skriver Matteus. Det var det Jesus sa og gjorde som gjorde ham til den han var, ikke det han spiste og drakk. Gjerningene bekreftet Visdommen. Det er det samme med oss. Det er ikke hva vi spiser og drikker som gjør oss til den vi er, men hva vi sier og gjør. Om det vi drikker får oss til å miste oss selv – slik at vi skader oss selv eller andre, er det feil. En slik bruk finner vi ingen dekning for i Bibelen. Om det vi drikker får oss til å endre skikkelse foran våre egne barn, og skape en utrygg og ubehagelig atmosfære for dem – finner vi ingen dekning for det i Bibelen. Jeg tror det er bilder av dette som har ført til en viss motstand i kirken. Og det ofte med rette.

Jeg har mange ganger hørt mennesker bruke alkoholen som en unnskyldning – når de har sagt eller gjort noe veldig dumt. De hevder alkoholen hindret visdommen i å seire. Kanskje det – men vi har selv ansvaret for å ikke miste oss selv. Vi har selv ansvaret for å forbli oss selv i ord og handling. Vi har selv ansvaret for hva vi drikker. Det dobbelte kjærlighetsbudet, som jeg har nevnt før, gjelder enten vi har alkohol i blodet eller ikke;

«Du skal elske Herren din Gud av hele ditt hjerte og av hele din sjel og av all din forstand. Dette er det største og første budet. Men det andre er like stort: Du skal elske din neste som deg selv». (Matt. 22, 37-40)

Om vinen vi drikker får oss til å glemme Gud, eller om vinen vi drikker hindrer oss i å vise omsorg og godhet for andre, eller oss selv – ja da må vinen fare.

Fortellingen om bryllupsfesten er forfriskende, synes jeg. Den viser oss at det er mer med Gud en hva konfesjoner og tradisjoner sier det er. Han er rausere og mer delaktig i livene våre enn noen av oss kan forestille seg. Gjennom denne fortellingen er vi vitner til en Gud som fester og har det gøy sammen med vennene sine. En Gud som gjorde sitt første mektige mirakel offentlig – som gjest i et bryllup. Det er hva jeg kaller en god blanding av det hellige og det verdslige.

Men noen ganger må vi forsake. Ikke så ofte som enkelte vil ha oss til å tro, men noen ganger må vi kanskje velge bort noe som kolliderer med det vi tror på. Av og til møter man de som hevder at kristentroen legger en demper på alt som er gøy og godt i livet. Når fristeren kommer og vi må velge bort noe, så handler det ikke om å si nei til det som er godt. Forsakingen handler om å holde fast på det gode – å la det gode forbli godt. Fristeren prøver nemlig å forvrenge det som er godt. Han bruker det gode til å forvirre. I ørkenen da han fristet Jesus prøvde han til og med å forvirre ham med Guds eget ord. Han er slu. Han sier: *"Det står skrevet"*, og så siterer han fra Salme 91 – en salme som handler om tillit til Gud. Fristeren ville bruke den til å få Jesus til å teste Gud. Slik skulle tilliten forvandles til mistillit. Det som var godt, skulle utnyttes og forvrenges til å skape ondt.

Vi kan hente mange eksempler fra vår egen hverdag også. Ta for eksempel tiltrekningskraften og lidenskapen mellom mann og kvinne. Den er i seg selv gudegitt og god. Sensualitet og sex er ikke synd. Da må i tilfelle Han som har plantet dette i oss selv være syndig. Om det gode får forvalte disse gavene så finner mennesker hverandre, de elsker hverandre, de forplikter seg og skaper et godt liv sammen. Når vi tenker på sex, er det dette som burde være den første tanken vår. Ikke at det er noe negativt. Det negative kommer først når fristeren klarer å forvrenge dette krydderet mellom to mennesker. Da ender vi opp med utnytting, utroskap, overgrep og misbruk. Det som i utgangspunktet var skapt som godt og livsbejaende, er blitt ondt, vondt og ødeleggende.

17. Han som reiser oss opp

«Kort tid etter ga Jesus seg på vei til en by som heter Nain. Disiplene og en stor folkemengde dro sammen med ham. Da han nærmet seg byporten, ble en død båret ut til graven. Han var sin mors eneste sønn, og hun var enke. Sammen med henne kom et stort følge fra byen. Da Herren fikk se enken, fikk han inderlig medfølelse med henne og sa: «Gråt ikke!» Så gikk han bort og la hånden på båren. De som bar den, stanset, og han sa: «Du unge mann, jeg sier deg: Stå opp!» Da satte den døde seg opp og begynte å tale, og Jesus ga ham til moren. Alle ble grepet av ærefrykt, og de lovpriste Gud. «En stor profet er oppreist blant oss», sa de, «Gud har gjestet sitt folk.» Dette ordet om ham spredte seg i hele Judea og området omkring.» (Luk. 7,11-17)

Guds sønn hadde en agenda denne dagen, han var på vei til noe. Folkemengden presset på fra alle kanter, det var nok trangt om plassen og høylytt. Alle ville ha en bit av Herren. Det er slik jeg ser det for meg. Da Jesus hevet hodet fikk han se henne. En mor som var knust. En mor som hadde mistet sitt eneste lille barn. Der, utenfor Nains byport, sto tiden stille et øyeblikk. Jesus våget å se denne morens sorg. Han våget å ta den inn over seg.

Han fikk inderlig medfølelse med henne, står det. Der og da ble alt annet uviktig. Av medlidenhet ønsket han å hjelpe et menneske som har mistet alt. Jesus lar seg engasjere og han handler. Historien forteller om et menneske som er fullstendig nede for telling. Noen av oss kan kanskje kjenne seg igjen i en slik situasjon. Moren er så dypt nede i sorg, avmakt og smerte, at hun mest sannsynlig ikke engang enser Jesus, som står rett ved siden av henne. Det trenger hun heller ikke. Jesus ser henne, og han føler med henne. Det står ingen ting om at denne kvinnen hadde en skuddsikker tro, heller ikke at hun ba på sine knær om hjelp. Hun ytrer faktisk ikke et ord i teksten. Jeg vil tro hun ikke har krefter til det. Gud trenger ikke alltid ord. Han forventer ikke at et utslått menneske skal bruke sine siste krefter til å snakke. Han kjenner oss og våre liv. Vi tror på en Gud som lar seg berøre, som er lydhør og som gråter med oss.

Rapperen Timbuktu synger: «*Alle vil til himmelen, men ingen vil dø*». Om vi snur litt på det så kan vi si at; hadde ingen dødd, ville ingen *kommet* til himmelen. Å reise mennesker opp fra den fysiske død – her på jorden – det var unntaket, også for Jesus. Kanskje fordi han ser annerledes på døden enn oss. For ham er ikke døden en trussel, den er en ny start. En sti inn til livet. Jeg tror også at det er få av oss som kan reise mennesker opp fra de døde. Om du er en slik en som kan det, så ta gjerne kontakt med kirkekontoret på Åndalsnes for en prat.

Men vi kan alle hjelpe mennesker som ligger nede – vi kan reise dem opp. Det er mange som ligger nede for telling der ute. Mange lever i et mørke av angst, usikkerhet og tristhet. Både innenlands og utenlands. Jesus utfordrer oss til å være spontane, til å bli grepet, våge å se, våge å møte, og til å våge å gjøre noe med situasjonen.

Å reise mennesker opp kan gjøres på så mange måter. Det er for eksempel å gi dem et godt liv mens de ennå lever. For eksempel å gi de eldre en verdig alderdom. Der har rike Norge en lang vei å gå. For ikke lenge siden leste jeg en historie om et gammelt ektepar som ble plassert på to forskjellige eldrehjem, da de var nødt til å be systemet om hjelp når helsen sviktet. Om ikke det var ille nok, så var avstanden mellom disse eldrehjemmene betydelig. Uoverkommelig for de gamle. Jeg finner det utrolig hvordan mennesker med makt legger seg til den vanen å kun tenke med hodet, i stedet for å føle med hjertet. For mange av disse, blir mennesker gjort om til tall. De blir bare deler av et regnestykke som skal gå opp. En maskin kunne gjort den jobben like godt – det er min påstand.

Verden blir et bedre sted takket være mennesker som våger å se, våger å la seg berøre og som faktisk våger å gripe inn. Og det finnes mange hverdagshelter der ute som gjør det. De gjør ofte lite ut av seg og mange skjuler seg godt. Dette er de som våger å gå den smale sti. En sti som krever krefter og som alltid gir tøffe utfordringer. En sti som krever at vi stopper opp og hjelper en fallen opp på beina igjen. En sti vår Herre vil vi skal gå, for vår egen del og for vår nestes. For Han vet at én dag er det vi som ligger der – utslått og hjelpesløse. En dag er de vi som speider etter en barmhjertig samaritan. En som ser oss og som våger å la seg berøre. Et medmenneske som lever etter hjertet og ikke bare etter hodet. Det er vårt kors, vår plikt, å alltid streve etter å stå på de svake og undertryktes side. *Det* er den smale sti. Den stien det er vanskelig å gå. Det er ofte vanskelig og utfordrende å vende seg mot de mange som undertrykker den ene. Det er vanskelig å stå rett i ryggen og oppreist overfor overmakten. Jesus gjorde det mange ganger. Det var ikke få ganger han og disiplene måtte

rømme – da overgriperne vendte sinnet bort fra den undertrykte, og rettet det mot Jesus. Den ene som våget å heve røsten mot dem.
I teksten overfor møter vi den største lederen av dem alle, vår Herre – han føler med hjertet, lar seg berøre og han griper inn. Han reiser en død sønn opp, og med det hans mor, hans familie og hans venner. Gud reiser mennesker opp hele tiden, om ikke alltid så konkret som i dette tilfellet. Ofte gjør han det på underfulle vis som vi ikke alltid forstår. Ofte i det stille som vi ikke alltid får med oss. En ukjent forfatter skrev en liten historie om nettopp dette – «Fotsporene i sanden»:

«En natt var det en mann som hadde en drøm. Han drømte at han gikk langs stranden med sin Skaper. Ovenfor skyene viste det seg scener, han la da merke til to sett med fotavtrykk i sanden: et par som tilhørte ham selv, og et par til Skaperen. Når den siste scenen i hans liv var passert, så han tilbake på fotavtrykkene i sanden. Han la merke til at mange ganger på veien i hans liv var det bare et par fotavtrykk. Han så også at dette skjedde i de vondeste og vanskeligste periodene i hans liv. Dette plaget han veldig og han spurte da Herren om dette. "Herre, Du sa engang at hvis jeg bestemte meg for å følge Deg, skulle Du gå sammen med meg hele veien. Men jeg har sett at i de vondeste stundene av mitt liv, er det bare ett sett med fotavtrykk i sanden. Jeg kan ikke forstå hvorfor Du, når jeg trengte Deg som mest, skulle forlate meg." Herren svarte, "Min sønn, mitt dyrebare barn, jeg elsker deg og ville aldri forlate deg. Under dine tider med prøvelser og skuffelser, når du bare ser ett par fotspor – det var da jeg bar deg."»

Historien handler om hvordan Gud bærer oss når vi ikke makter å bære oss selv. Det er en historie som maner til ydmykhet og ettertanke. Det neste kapittelet skal handle om nettopp det; den ydmyke troen.

18. Den ydmyke troen

«To menn gikk opp til tempelet for å be. Den ene var fariseer og den andre toller. Fariseeren stilte seg opp for seg selv og ba slik: 'Gud, jeg takker deg for at jeg ikke er som andre mennesker, de som svindler, gjør urett og bryter ekteskapet, eller som den tolleren der. Jeg faster to ganger i uken og gir tiende av alt jeg tjener. 'Tolleren sto langt unna og ville ikke engang løfte blikket mot himmelen, men slo seg for brystet og sa: 'Gud, vær meg synder nådig!' Jeg sier dere: Tolleren gikk hjem rettferdig for Gud, den andre ikke. For hver den som setter seg selv høyt, skal settes lavt, og den som setter seg selv lavt, skal settes høyt.» (Luk 18,10-14)

I teksten overfor går det nok en gang hardt ut over fariseerne – en av de viktigste jødiske grupperingene på Jesu tid. Som jeg har beskrevet tidligere i boken gjorde de ting som i dag ofte blir sett på som ufyselig hyklersk. De drev med vranglære, sier vi gjerne. Men på Jesu tid var de en gruppe mennesker folk flest så opp til. De var religiøse forbilder. Fariseerne la vekt på tiende, renhetsforskrifter og regler for sabbaten. De var fromme mennesker som kunne sin moselov til punkt og prikke. De kjente hvert et bud, de kjente hver en regel.

Jesus kom ofte i konflikt med disse menneskene, og vi kan jo spørre oss hvorfor? Om man går tekstene nøye etter i sømmene, så er det noe Jesus reagerer særlig på. Han reagerte veldig på at reglene ble overholdt for reglenes skyld. Hvor ble det av kjærligheten til Gud og til mennesker? Det gikk over stokk og stein. I sin streben etter fromhet hevet fariseerne seg langt over andre mennesker. Renhetsforskriftene hindret dem i å ha noe med handikappede, spedalske, mennesker fra andre samfunnslag og kvinner å gjøre – blant annet.

Summen av loven er barmhjertighet, sier Jesus. Praksisen som mange fariseere bedrev var alt annet enn barmhjertighet. Mange var mer opptatt av seg selv og sitt, enn å ta vare på nesten sin. Lyder det kjent? Jeg kjenner meg godt igjen. Men hva er det Jesus egentlig forsøker å si med denne lignelsen? Er det slik at det er greit å være kjeltring, mens den som strever etter å følge reglene blir avskrevet? Nei. Hva er det egentlig som skjer i teksten? Vi har en from mann som gjør mer enn det som loven krever av ham. Han legger listen høyere for seg selv, enn hva han egentlig trenger å gjøre. På den andre siden har vi en toller. Jobben hans besto i å fungere som skatteoppkrever og tilsynsperson for romerne. Han ble oppfattet som en kjeltring, snylter og forræder av sine egne. Han var en som skikkelige folk burde holde seg langt unna. Ingen av disse to karene er perfekte, men det er en ting som skiller dem – selvinnsikt og ydmykhet. Den fromme mannen tror han er perfekt, ja til og med rettferdig ovenfor Gud. Og det er en bragd han har klart å oppnå selv. Tolleren på sin side vet han er en kjeltring, og han prøver ikke å fremstå som annet. Når han ber til Gud, så ber han om nåde med blikket mot bakken. Han vet han står på en kjempes skuldre. Uten kjempen er han ingenting.

For meg sier teksten noe om at det ligger mer frelse i å ikke dømme, enn det gjør i å dømme. Vi har overhodet ikke rett til å avskrive noen, uansett etnisitet, religion, kjønn, legning eller alder. Alt Jesus sa underbygde han med handling. Jeg tror det er få av oss som egentlig kan ta inn over oss hvor ekstreme Jesu handlinger ble oppfattet å være i hans samtid. Ja til og med for mange i dag.

Kvinner ble holdt for å være urene og lite verdt. Jesus var villig til å risikere livet for å redde en kvinne som ble tatt i *utroskap* – da de fromme ville stene henne (Joh 8, 3-11). En slik kvinne var mindre verdt enn en maur på bakken for de som holdt steinene. Jesus var en religiøs leder som ofte ble kalt Rabbi, lærer. Han var en mannlig leder. Han skulle respekteres, og lyttes til. Menn skulle ikke tale i mot en slik mann, og i hvert fall ikke kvinner og barn. Men Jesus lar den kanaaneiske kvinnen tale ham midt imot i all offentlighet, og han gir henne rett (Matt 15, 22-28). Det var uhørt. Det var ydmykende. En from jødisk mann på den tiden skulle ikke engang snakke med fremmede kvinner, iallfall ikke en fra et annet folk. Om en kvinne snakket en from mann midt imot i all offentlighet var det bedre om hun døde. Mannens ære måtte ivaretas. Men Jesus var frelseren som møtte mennesker der de var i livet. Han var frelseren som ble beskrevet som en storeter og vindrikker, og som gjerne spiste og festet sammen med tollere og syndere. En from mann på denne tiden skulle ikke spise med tollere og syndere, noe også Jesus fikk mye kritikk for.

Jesus omgav seg med det som på den tiden ble sett på som svakt, skittent, syndig og udugelig. I hans nærhet fantes både tollere, tiggere, utviklingshemmede, hedninger, tvilere, kvinner og barn. Han kalte dem for sine venner. Dette var ekstremt. Dette var eksplosivt. Det er det i dag også om vi virkelig tar det innover oss. Her har vi som sier vi er hans etterfølgere mye å lære. Jeg har, som et eksempel, snakket med mange mennesker som nettopp har blitt kristne. Noen av dem har kommet inn i kristne miljøer som oppfordrer dem til å boikotte sin tidligere omgangskrets. Og noen av dem sier; nei, nå som jeg er blitt kristen holder jeg meg langt unna de jeg var venner med før. Nå er det kun kristne mennesker som gjelder. Men er det å følge Jesus? Var det ikke nettopp det motsatte han gjorde? Guds sønn omgav seg med forrædere, mordere, prostituerte, svindlere, spedalske – mens vi blir for gode til å omgås helt vanlige mennesker? Til og med venner?

Vi mennesker har det i oss å dømme andre og å sette oss selv høyest. Slik er det nok dessverre ofte. Det gjelder oss alle tror jeg. Det gjelder å være ærlige på det ovenfor oss selv og Gud – akkurat slik som tolleren. Men, det å være sann mot seg selv og sann mot Gud, det er ikke lett. Fastetiden i kirken vår handler mye om å gå i seg selv og foreta en liten vårrengjøring. Hva finner vi der? Når vi skal kalle en spade for en spade og gå i djupet – tør vi føle på det vi finner og ta i det? Tør vi ta det inn over oss at vi gjør feil, eller polerer vi bare overflaten og håper at den skal skinne nok til å gjemme rusten under? Vi har alle våre steiner i ryggsekken. Noen bærer tyngre enn andre – men alle bærer på noe. De feilene vi gjør er vi nok ofte redde for å lufte for andre. Vi vet hvordan menneskerasen fungerer. En fjær kan fort bli til fem høns, og fjærene kan fort spres over alle hauger – til allmenn fornøyelse. I menneskeflokken kan det være vanskelig å innrømme feil og svakheter. For feil blir fort det – en svakhet. Å innrømme upopulære feil og mangler skader egoet vårt – fasaden risikerer å bli knust.

På talkshowet Skavlan (01.03.12) snakket skuespilleren sir Ben Kingsley om noe av det samme. Han fortalte om en tøff periode i livet sitt hvor ting hadde gått galt, han var virkelig lagt nede. Men i virkeligheten gjennomgikk han en egodød, sa han. Han fikk ikke til det han ville få til. Han klarte ikke å innfri forventningene. Han klarte ikke å leve opp til glansbildene. Han begynte å innse det – og mørket kom smygende over ham. Egoet begynte å dø, sa Kinsley – samtidig opplevde han at hans «virkelige jeg» fikk mer og mer plass og begynte å blomstre. Den sanne utgaven av Ben Kingsley trådde frem. Den frigjorte utgaven. Den utgaven som snakket sant om livet sitt. Det åpnet for nye og mer realistiske veier. Jeg tror et sant møte med Gud er slik. Egoet må skyves til side. Fasaden får være som den er. Vi kan ikke lyve for en som leser hjerter uansett. Samtidig kan vi trøste oss med at Gud ikke er som mennesker.

Han er ikke en som retter pekefinger og trykker deg ned. Han er ikke en slik som sprer nederlagene dine på bygda. Til ham kan vi komme med oss selv slik vi er. Slik vi virkelig er – bak masken. Det er kanskje ikke så mange som tenker på det, men når vi ber syndsbekjennelsen i begynnelsen av hver gudstjeneste da blir vi egentlig frigjorte – om vi ber den med hjertet. Den er ikke bare en liturgisk ting vi gjør, den er en bønn til Gud. Her får vi muligheten til å legge alt det vanskelige og vonde bak oss, som jeg også har vært innom tidligere. Vi får legge det på en som forstår og som reiser opp enhver som står ærlig fremfor ham. Ærlig – ikke perfekt.

Tolleren i lignelsen vet at vi *«alle har syndet og mangler Guds herlighet»*. Men at vi *«ufortjent og av hans nåde blir erklært rettferdige»*, som Paulus skriver (Rom 3, 23-24). Jesus handlet med kjærlighet og barmhjertighet. Her er hans oppfordring til oss, hentet fra Matteusevangeliet: *«Kom til meg, alle dere som strever og bærer tunge byrder, og jeg vil gi dere hvile. Ta mitt åk på dere og lær av meg, for jeg er mild og ydmyk av hjertet»* (Matt. 11, 28-30). Det er nettopp derfor – fordi vår Herre er mild og ydmyk av hjertet - at vi kan kalles rettferdige. Som Paulus skriver: *«Ufortjent og av hans nåde blir de erklært rettferdige, frikjøpt i Kristus Jesus»*.

19. En syk tro? - Litt om troen i psykiatrien

Dette kapittelet er nok litt mer «faglig» skrevet enn de andre kapitlene. Jeg jobbet mye med åndelig/eksistensiell omsorg da jeg jobbet som miljøterapeut i sikkerhets-psykiatrien. Jeg måtte på mange måter bevise at jeg hadde noe der å gjøre faglig sett. Her følger noen av mine betrakninger fra den tiden.

Da jeg begynte som ekstravakt i sikkerhetspsykiatrien – og de jeg jobbet med fikk vite at jeg studerte teologi – fikk jeg raskt beskjed om at man ikke snakket om religion og politikk i psykiatrien. Denne informasjonen ble faktisk meddelt som ett av flere sikkerhetstiltak. Pasientene ble dårligere av det, ja til og med psykotiske. Jeg stusset litt, da jeg ikke hadde opplevelsen av at det jeg holdt på med var skummelt eller farlig, på noen måte. Til å begynne med innrettet jeg meg. Jeg snakket ikke om religion, og jeg holdt tett ovenfor pasientene om at jeg studerte teologi. Men etter som årene gikk ble jeg mer og mer nysgjerrig på disse negative holdningene til religion. Var det noe i dem? Hvorfor skulle ikke mennesker få mer rom til å snakke om sin egen tro i en så belastende livssituasjon? Hvorfor kunne de ikke få snakke om positive og negative religiøse opplevelser? Var dette virkelig farlig? Jeg endte opp med å holde foredrag for personellet i åndelig/eksistensiell omsorg.
Behovet for åndelig omsorg er stort i psykiatrien, hvor mennesker daglig kjemper mot indre demoner.

En viktig bidragsyter for å kartlegge pasientbehov i tungpsykiatrien er sykepleier og diakon Erik Johan Hoff. I forbindelse med sin hovedfagsoppgave fra 2000, i studieretning diakoni, utførte han en pasientundersøkelse. Han intervjuet da pasienter i akuttpsykiatrien, med blant annet følgende problemstilling for sin oppgave: "hvordan opplever pasienter i akuttpsykiatrien seg ivaretatt i forhold til sine åndelige/eksistensielle behov?[14]"

Denne undersøkelsen hentet ut kunnskap om en gruppe pasienter som har vært vanskelig tilgjengelig for empirisk forskning. Resultatene viste tydelig hva pasientene ønsket av personalet. De ønsket initiativ, engasjement og innlevelse. En større vilje til å samtale om

14 Hoff 2000:63-108

åndelige/eksistensielle spørsmål, og til å støtte pasientene i deres behov for å be. Samtidig etterspurte de mer kunnskap og utdannelse i møte med pasientenes åndelige/eksistensielle behov. Pasientene ønsket mindre nedlatende, undervurderende holdninger fra personalet. I tillegg til dette gav de uttrykk for at det var helt avgjørende for pasientens tillit til personalet at personalets væremåte var preget av holdninger som formidlet respekt og aksept for pasientenes livssyn og livssynspraksis.

De formidlet videre at dette fikk betydning for pasientenes evne til å inngå en behandlingsallianse med personalet. Jeg husker godt en gang vi fikk inn en svært aggressiv og utagerende pasient – som jo var helt vanlig i sikkerhetspsykiatrien. Han ble ført inn på skjermet avdeling. Denne pasienten hadde svært mye sinne i seg, og hadde klare rasistiske tendenser ovenfor personalet. Selv var han afrikaner og muslim, og han mente at vi nordmenn ikke hadde respekt for verken ham eller islam. Dette var en mann som var trent til å slåss, og utageringene lot ikke vente på seg. Heller ikke personalskadene. Dette på tross av at vi var spesialtrenet i å håndtere aggresjon og utageringer. Pasienten hadde ingen tillit til personalet, og det oppsto konflikter rundt den minste ting. En dag ville en god kollega – en dyktig hjelpepleier – forsøke noe nytt. Om kvelden, da pasienten inntok kveldsmåltidet, informerte han forsiktig; "*i natt kl. 03.55 kommer jeg og vekker deg. Det gjør jeg fordi jeg vet det er viktig for deg å be. Jeg var inne på islam.no, og har skrevet ut en bønneliste til deg. Der står det at man skal be litt over kl. 04 i natt. Vi kan se på denne senere om du ønsker det. Om du vil be i natt er din sak, men jeg kommer i alle fall og sier i fra*".

Han fikk et grynt til svar. Men hjelpepleieren gjorde som han hadde sagt, og vekket pasienten litt før kl. 04 denne natten. Det var en fortumlet mann som ble vekket. Han kastet et spørrende blikk på den avventende pleieren, klødde seg litt i hodet og falt ned på kne i bønn. Pasienten snakket om denne opplevelsen hele den påfølgende dagen. Han hadde følt seg respektert og møtt på et punkt som var sentralt for ham. Etter hvert gikk man gjennom bønnelisten sammen med pasienten, og nattevaktene banket på døren hans hver natt – når det var tid for bønn. Dette ble etter hvert en fast rutine, og det fikk pasienten til å feste tillit til personalet. Det hele endte med at mannen irettesatte andre aggressive pasienter, og forklarte dem at personalet kun ville deres eget beste, og at de var til å stole på. En allianse var dannet.

Et begrep som går mye igjen i teologien (og psykologien), og da særlig i sjelesørgeriske sammenhenger, er desentrering. Man trer med andre ord selv ut av oppmerksomhetens lys for å slippe en annen til. Her oppstår det ofte vanskeligheter, fordi personalet kan ha helt andre oppfatninger rundt livssyn, enn det pasienten har. Om personalet da ikke er klar over at man kanskje bør desentrere, eller ikke evner å gjøre det, kan man komme i en situasjon hvor personalet sitter og overfører sine "sannheter" på pasienten. Det er i alle fall svært sjelden til hjelp for et menneske i en sårbar posisjon, som kanskje bare trenger å bli hørt. Åndelig omsorg stiller derfor store krav til personalets evne til å lytte og til å ha innlevelse, i stedet for å fremme sine egne løsninger.

Det er her utfordringen ligger for både religiøse og ikke-religiøse helsearbeidere, fordi livssyn for mange er en veldig privat sak. Det gjør det ikke lettere at de ansatte i psykiatrien ofte har en lavere religiøsitet enn pasientene[15]. Her refererer jeg til boken «*Livssyn og Helse. Teoretiske og Kliniske Perspektiver*», skrevet av blant andre Hans Stifoss-Hanssen, min gamle lærer i sjelesorg. En lavere religiøsitet gjør selvfølgelig ikke de ansatte inkompetente – men det stiller visse krav til fagligheten. Det å reflektere over grunnleggende temaer som håp, trygghet, glede, mening, døden og så videre, bør være en del av de ansattes opplæring, tenker jeg. Det burde kanskje også stilles krav til kunnskap om ulike religioner og livssyn, om man skal jobbe med mennesker i en vanskelig livssituasjon. En pleieassistent møter ingen slike krav før han/ hun ansettes i sikkerhetspsykiatrien i dag.

Erfaring viser at hjelpepleiere, sykepleiere og vernepleiere også kan mangle denne kunnskapen. Det er disse gruppene som daglig møter pasientens behov for samtale, ofte med religiøst innhold. Denne kunnskapsmangelen er uheldig, og den kan i noen tilfeller virke provoserende på pasienten, og derfor skape avstand til personalet som forsøker å hjelpe. Avstanden og provokasjonen kan kanskje bli spesielt fremtredende dersom man har så liten kjennskap til de ulike livssynene, at man for eksempel blander islam og kristendom.

I Bibelen heter det: "*kast ikke perler for svin*" (Matt 7,6). Her er det nok ikke behov for så sterke ordelag. Men man skal kanskje ikke forvente at en

---

15 Stifoss-Hanssen og Kallenberg 1998:122

pasient vil snakke åpent og fortrolig om sin personlige tro, i møte med en alvorlig kunnskapsmangel. Den kan i verste fall misforstås som mangel på interesse og/ eller respekt. Kanskje er det møtet mellom psykotiske pasienter – som benytter et religiøst språk – og et personale som ikke desentrerer, som har bidratt sterkt til de negative holdningene til religion innen psykiatrien. Man kan også oppleve koblingen mellom religion og psykiatri som negativ, fordi religiøse tanker og forestillinger svært ofte forekommer i forbindelse med psykoser. Dette skaper en negativ setting, og som i tillegg kan virke skremmende på personalet.

Svært ofte snakker psykotiske mennesker på en "syk" måte om religiøse temaer. Dette forekommer faktisk så ofte at man tar det for gitt[16]. Derfor stiller det kanskje ekstra store krav til samtalepartneren, dersom man skal ivareta pasienten på en rettferdig og god måte. Man må blant annet kunne skille en vrangforestilling fra en «rimelig» forestilling. Dette kan til tider være vanskelig og her må man ha en god porsjon ydmykhet. Man vurderer tross alt andres forestillinger – og det finnes ingen absolutte kriterier. Men et hjelpemiddel kan jo være å se på hva som er akseptert i det sosiale fellesskapet pasienten hører til og kommer fra. Hva er vanlig i hans kultur?

Det er ikke så lett å skulle vurdere hva som er en «vrang» forestilling. Den som vurderer det bør ha kunnskap om religion og religiøs praksis. Innen sjamanismen overalt i verden kan man se utøvere som er preget av ekstraordinære religiøse opplevelser, som kan se ut som deler av en psykose. I enkelte kristne miljøer har man lignende eksempler, som for eksempel tungetale og profetisk tale. En forestilling forblir en vrangforestilling helt til en gruppe mennesker aksepterer forestillingen.

Religionspsykolog, psykoterapeut og prest Owe Wikström mener at en mann som kaller seg Guds sønn eller Messias, blir sett på som psykotisk – helt til han finner en gruppe som aksepterer ham som Messias[17]. Det er det ene. Det andre er at man lett kan komme i fare for å misforstå, dersom man ikke har den nødvendige kunnskapen. Jeg har selv hørt pasienter som siterer Johannes Åpenbaring på en slik måte, at det høres helt "sykt" ut. Men de kommer faktisk med direkte sitater fra Bibelen. Om personalet

16 Stifoss-Hanssen 1997:115

17 Wikström 1980:101

ikke vet at dette er sitater, kan man komme i skade for å stemple pasientens religiøse uttrykk for psykose.
I psykiatrien er det dominerende bildet at psykosene skyldes en arvelig sårbarhet, men at de ofte utløses av forhold i omgivelsene. Religionen er derfor neppe hovedårsaken til psykosen, men den kan ofte bli et språk pasienten griper til når sterke følelser skal uttrykkes – i forbindelse med en psykose[18]. Psykotiske mennesker henter språket sitt fra de omgivelsene, religionene og mytene som finnes i miljøet de kommer fra. Pasienter i kristne kulturer forestiller seg for eksempel at de er Jesus eller Gud. Studier viser at dette ikke forekommer hos pasienter med jødisk eller muslimsk bakgrunn, fordi de rett og slett ikke har forestillinger om at Gud kan bli menneske.

De pasientene Hoff intervjuet forteller at de er redde for at personalet skal ha en devaluerende holdning til deres åndelige liv. De opplever det som mangel på respekt at troen deres blir brukt til å forklare årsaken til deres psykiske lidelse, og at viktige åndelige erfaringer blir definert som kun psykotiske opplevelser. Troen kan få svært mange utslag i psykiatrien. En pasient jeg har snakket med identifiserte seg med Det gamle testamentets Job, mannen som ble testet av Gud, og fratatt alt han hadde kjært. I spesielt tunge tider følte pasienten at han måtte stå i en ekstra nær relasjon til Gud, siden han var verdig til å bli testet på denne måten. Dette er verken syke eller psykotiske tanker, etter min mening. Country-artisten Johnny Cash var også tydelig på at han hentet mye trøst fra Jobs bok da han slet som verst i livet. Ethvert personale med bibelske kunnskaper vil kunne kjenne igjen fortellingen om Job, og kanskje forstå pasientens resonnement. Denne fortellingen hjalp ham til å holde ut den ekstreme situasjonen det var både å skulle hamle opp med en alvorlig sykdom, og samtidig tåle følelsen av å miste frihet og selvstendighet.

Min erfaring – som pleieassistent og miljøterapeut i sikkerhetspsykiatrien – er at behovet for åndelig omsorg er stort. Temaer som angst, fortapelse, skam, skyld, straff og håp, dukket stadig opp i samtaler med pasienter, angående livssynorienterte problemstillinger. Dette var temaer som fikk øynene mine opp for hvor viktig disse samtalene var. Jeg mener det tenderer mot uverdig at syke mennesker skal bære slike temaer alene, uten

---

18Stifoss-Hanssen 1997:119

å bli hørt og tatt på alvor. Med tanke på pasienter som sliter med suicidalitet, kan en slik neglisjering være direkte livsfarlig.

Man trenger ikke alltid ta stilling til om det man hører i en eksistensiell samtale er sykelig eller ikke. Det er ikke vår rolle som omsorgspersoner og medmennesker. Jeg ser heller at man benytter en mer fenomenologisk tilnærming, og lar noe *være*, uten å nødvendigvis måtte tolke og forstå det. Om innholdet høres sykt ut, trenger det likevel å bli hørt. Sykdom, håpløshet og fortvilelse kan få de eksistensielle spørsmålene til å fremtre som mer relevante en noen gang.

Jeg mener at vi som fagarbeidere – i et omsorgsyrke – må kunne være i stand til å gjennomføre eksistensiell omsorg når det er ønskelig, uavhengig av pasientens mentale tilstand. Min erfaring er at det er vi som samtalepartnere som avgjør hvordan samtalen arter seg, og ikke pasientens sykdom. Ingen av pasientene jeg har snakket med gjennom seks år har blitt dårligere av å bli tatt på alvor og lyttet til. Den erfaringen deler jeg nok med enhver institusjonsprest der ute, både i fengsler og sykehus.

20. Håpet om Himmelen

I samtaler med mange psykiatriske pasienter har håpet om «et bedre sted» ofte blitt bragt på banen. Et sted hvor de kan fungere normalt, uten at sykdom ødelegger hverdagen deres. Det er mange som bærer med seg håpet om og troen på Himmelen. Derfor passer det godt å avslutte boken med det som tema.

Som jeg har nevnt før er døden skremmende for de fleste av oss. Disiplene var også engstelige i møte med døden. «*Vær ikke redd*», trøstet Jesus. Han trøstet disiplene med et løfte om det umulige. Fantastiske saker og ting som de ikke hadde noen forutsetninger for å gripe med fornuft og intellekt, saker og ting de kun kunne skimte gjennom troen og håpet. Landskaper profetene bare kunne snakke dunkelt om, landskaper de ikke kunne se klart. En virkelighet bak teppet, skjult for det levende menneske. Bibelen snakker om døden som en slags ny fødsel. I fortellingen «Tvillingene» har den ukjente forfatteren filosofert over hvor umulig et liv etter *fødselen* må virke for to tvillinger som lever i sitt lille avskjermede, mørke rom – inne i mors liv. Han ser for seg en gutt og en jente, som like før fødselen snakker sammen – om livet etter fødselen:

«Gutten spurte søsteren sin: Si meg, tror du virkelig på et liv etter fødselen? Ja, det tror jeg fullt og fast på svarte jenta! Jeg klarer ikke det, sa gutten. Jeg har vanskelig for å se for meg at det skal være noe liv etter fødselen! Erfaringer viser at ingen er kommet tilbake "etter fødselen"! Hva er vel det for bevis, svarte jenta? For det første kan ingen komme tilbake "etter fødselen", og for det andre er det ingen som vil tilbake heller! Hvorfor vil ingen tilbake? Hva vil du gjøre etter fødselen? spurte gutten. Å, jeg har mye jeg skal gjøre! Jeg skal rusle rundt i flott natur og glede meg over de herlige fargene på blomstene og bladene, og jeg skal ta mat i munnen og spise den, svarte jenta... For noe vrøvl, sa gutten! Det er vitenskapelig bevist at vi får næringen gjennom navlestrengen. Bare legg merke til hvor kort den er; hvordan vil du springe av gårde med den på slep? Dessuten er det ingenting å se! Alt er svart! Og kan du bevise at det finnes andre farger enn svart? Her i mors mage er vi ennå blinde, sa jenta, men når vi først er kommet ut til det virkelige livet, da skal vi se med egne øyne at det er slik! Vitenskapen har bevist ... det er greit det, her får vi mat gjennom navlestrengen. Men i livet utenfor blir det helt annerledes! Det vil

bli så flott og annerledes at du slett ikke kan forestille deg det! Gutten sier betuttet: Jeg tror bare på det jeg ser, og jeg ser ingen ting! Men én ting til: tror du egentlig at det finnes en mor? Selvfølgelig tror jeg at det finnes en mor! sprudlet jenta.. Hvor er mor di da? Jeg kan ikke se henne! klaget gutten. Mor vår er over alt! Hun omgir oss og vi er i henne, vi lever av henne, vi ville ikke eksistert uten henne! svarte jenta. Hun elsker oss og kan knapt vente på å få holde oss i armene sine! Så, hun elsker oss?! spurte gutten skarpt. Hvorfor må vi da sitte her i mørket, og hvorfor må vi dø snart? Hvilken kjærlighet er det?! Snart er det fødselsdag og ikke dødsdag! svarte jenta. Er du ikke redd for å dø?! sa gutten.. Nei, vi er på god vei inn til det nye og egentlige livet! Meningen med tilværelsen vår her er at vi kan forberede oss på det egentlige livet der ute! trøstet jenta. Nei! Jeg vil ikke dø! skrek gutten. Jenta tok broren sin i hånden. Vær ikke redd bror, selv om det nå blir voldsomt og smertefullt. Lidelsene her er ingen ting sammenliknet med den godheten og kjærligheten som vi snart skal få oppleve sammen med mor vår! Mamma, nå kommer vi!» Slik slutter fortellingen.

Vi er alle små i møte med det ukjente. Reglene er de samme for konge og hattemaker. Vi er som barn når vi står foran dødens port. Når sterke krefter driver oss mot det som virker som en endelig slutt, da blir vi redde og vi kan miste både troen, motet og håpet. Men på samme måte som moren venter på den andre siden av fødselen i fortellingen, sier Jesus at han skal vente på den andre siden av døden. Ikke mist troen, motet og håpet, sier han. Det kan være like vanskelig for oss å begripe *det*, som for et ufødt barn å begripe at det er en hel fantastisk verden rett utenfor det lille mørke rommet. Umulig kan vi si. Men Jesus insisterer. Tenk om han har rett? Tenk om han står der og venter… Jeg tror det.

Litteraturliste

Akuttpsykiatri og Åndelig Omsorg. En Kvalitativ Pasientundersøkelse. Hoff E. J. Hovedoppgave – Studieretning Diakoni. Det Teologiske Fakultet, Universitetet i Oslo, 2000.

Augustin i «De Genesi ad litteram libri duodecim» (Den bokstavlige betydning av Genesis), bok 1, kapittel 19.

Bibelen. Bibelselskapet, 2011.

De tolv Apostlers lære (Didaché) 2:2

Livssyn og Helse. Teoretiske og Kliniske Perspektiver. H. Stifoss-Hanssen, K. Kallenberg. Ad Notam Gyldendal, 1998.

Norges Kongesagaer. S. Sturluson. Gyldendal Norsk Forlag A/S, 1979.

Psykosens Religiøsitet. H. Stifoss-Hanssen. Tidskrift for Sjelesorg, nr 2-97. 1997.

Sjef i Eget Liv. En bok om kognitiv terapi. I. Wilhelmsen, Hertervig Forlag, 2004.

Skriftforståelse og Skriftbruk med Særlig Henblikk på Homofilisaken. Uttalelse fra Den norske kirkes lærenemnd i sak reist av Møre biskop. Offentliggjort januar 2006. Hentet 13.11.2013 fra: *http://www.kirken.no/larenemnd/laeren06/sider/kap3-5.html*

Stöd eller Börda? Religionenes Roll i Psykiatri och Psykoterapi. O. Wikström. Skeab Förlag AB, 1980.

Svar på Tiltale. Nye ateister, Gamle anklager, Gode grunner for tro. B.A. Davidsen. Lunde Forlag, 2012.

Tenkningens Historie. Bind 1. A. Stigen. Gyldendal Norsk Forlag A/S, 1983.

Tro og Vitenskap - Sammenheng eller Sammenstøt. Espen Utaker (red.). Lunde Forlag, 2006.

Vikinger i Krig. K. Hjardar og V. Vike. Spartacus Forlag, 2012.

Anbefalt lesning:

Biblical Ethics & Homosexuality, Listening to Scripture. R. L. Brawley. Westminister John Knox Press, 1996.

Da Jorden ble Flat – Mytene som ikke ville dø. B. A. Davidsen. Luther Forlag, 2010.

Svar på Tiltale. Nye ateister, Gamle anklager, Gode grunner for tro. B.A. Davidsen. Lunde Forlag, 2012.

The Coming of God, Christian Eschatology. J. Moltmann. Fortress Press, 2004.

Bibeltekstene i boken er hentet fra Bibel 2011 © Bibelselskapet.
Gjengitt med tillatelse

yes
i want morebooks!

Kaufen Sie Ihre Bücher schnell und unkompliziert online – auf einer der am schnellsten wachsenden Buchhandelsplattformen weltweit! Dank Print-On-Demand umwelt- und ressourcenschonend produziert.

Bücher schneller online kaufen

www.morebooks.de

Kjøp bøker rakst og enkelt online – hos en av verdens raskest voksende nettbaserte bokhandlere! Det er miljøvennlig takket være Print-on-demand teknologien.

Kjøp bøker online hos

www.morebooks.de

VDM Verlagsservicegesellschaft mbH
Heinrich-Böcking-Str. 6-8
D - 66121 Saarbrücken
Telefon: +49 681 3720 174
Telefax: +49 681 3720 1749
info@vdm-vsg.de
www.vdm-vsg.de

Printed by Books on Demand GmbH, Norderstedt / Germany